DR. OETKER
DRINKS
VON A–Z

DR. OETKER DRINKS VON A–Z

Dr. Oetker Verlag

Abkürzungen

TL	=	Teelöffel (gestrichen)
EL	=	Esslöffel (gestrichen)
BL	=	Barlöffel (5 g oder 0,5 cl)
Msp.	=	Messerspitze
g	=	Gramm (1.000 g =1 kg)
cl	=	Zentiliter (1 cl = 10 ml)
kg	=	Kilogramm
ml	=	Milliliter
l	=	Liter
Pck.	=	Packung/Päckchen
Min.	=	Minuten
Std.	=	Stunden
evtl.	=	eventuell
geh.	=	gehäuft
gestr.	=	gestrichen
TK	=	Tiefkühlprodukt
°C	=	Grad Celsius
Ø	=	Durchmesser

Hinweise zu den Rezepten

Lesen Sie vor der Zubereitung – besser noch vor dem Einkauf – das Rezept einmal vollständig durch. So werden Arbeitsabläufe oder -zusammenhänge klarer.

Alle Drinksrezepte sind, sofern nicht eine andere Portionszahl angegeben ist, immer für einen Drink berechnet.

Zutatenliste

Die Zutaten sind in der Reihenfolge ihrer Bearbeitung angegeben.

Arbeitsschritte

Die Arbeitsschritte sind einzeln hervorgehoben, in der Reihenfolge, in der sie von uns ausprobiert wurden. Mixgetränke müssen kalt sein. Achten Sie deshalb darauf, dass sowohl das Glas als auch größere Flüssigkeitsmengen, die zugegeben werden (z. B. Saft, Limonaden, Sekt) gut gekühlt sind.

Je nach verwendeter Spirituosenmarke kann die Farbe der fertigen Drinks schwanken.

Waschen Sie Obst, das Sie verwenden wollen, gründlich unter lauwarmem Wasser ab.

Vorwort

Die nächste Familienfeier, der nächste Geburtstag oder Party-Abend stehen an und Sie wollen Ihren Gästen etwas anderes als Bier, Wein und Wasser anbieten?

Dann ist dieses Buch genau das Richtige für Sie. Hier finden Sie tolle Rezepte für Drinks mit oder ohne Promille, Kaffee- und Teespezialitäten, Bowlen und Punsche, Liköre und eingelegte Früchte, Limonaden oder Smoothies.

Auch für die kalte Jahreszeit ist mit Glühwein, Glögg oder Feuerzangenbowle gesorgt.

Begeistern Sie Ihre Gäste mit Klassikern wie Martini Dry Cocktail, Tequila Sunrise, Bloody Mary oder Mojito. Überraschen Sie sie mit den neuen Trendgetränken wie dem Bombay Crushed oder dem Godfather.

Auch Autofahrer, Kinder und Schwangere kommen bei der leckeren Auswahl an 100 alkoholfreien Drinks auf ihre Kosten. Warum also Wasser trinken, wenn Ipanema, Krokodil oder Cooler besser schmecken?

Alle Rezepte sind von Dr. Oetker ausprobiert und so beschrieben, dass sie Ihnen garantiert gelingen.

Absinth-Ritual I

2 cl Absinth
1 Stück Würfelzucker
2–3 cl eiskaltes Wasser

1. Absinth in ein kleines Stielglas geben. Einen Teelöffel mit einem Stück Würfelzucker darauf in den Absinth halten, sodass sich der Zucker vollsaugen kann.

2. Den Löffel mit dem vollgesaugten Zuckerstück auf den Glasrand legen und anzünden. Den Zucker brennen lassen, bis er karamellisiert (bräunt) und Blasen schlägt.

3. Anschließend den Löffel mit dem karamellisiertem Zuckerstück in den Absinth tauchen und durch Rühren die Flamme löschen. Sofort das eiskalte Wasser hinzugießen und leicht verrühren.

Acapulco

Saft von
1/2 Zitrone
1 Barlöffel Zucker
4 cl weißer Rum
1 cl Curaçao Triple Sec
1 Barlöffel Eiweiß
einige Eiswürfel

1 Minzezweig
1 Trinkhalm

1. Zitronensaft, Zucker, Rum, Curaçao, Eiweiß und einige Eiswürfel in einen Shaker geben und kräftig schütteln.

2. Den Drink mit dem Eis in ein Longdrinkglas füllen.

3. Acapulco mit einem abgespülten und trocken getupften Minzezweig garnieren und mit einem Trinkhalm servieren.

Hinweis: Nur ganz frisches Eiweiß verwenden, das nicht älter als 5 Tage ist (Legedatum beachten).

Adam & Eva

1 cl	*Amaretto*
2 cl	*Dry Gin*
1 cl	*Drambuie*
1 cl	*Zitronensaft*
1 Spritzer	*Zuckerrohrsirup*
1 Spritzer	*Grenadinesirup*
einige	*Eiswürfel*
1	*Bio-Zitronenscheibe*
2	*Cocktailkirschen*

1. Amaretto, Gin, Drambuie, Zitronensaft, Zuckerrohr-, Grenadinesirup und einige Eiswürfel in einen Shaker geben und kräftig schütteln.

2. Den Drink durch ein Barsieb in ein gut gekühltes Cocktailglas abseihen, mit Zitronenscheibe und Cocktailkirschen garnieren.

Alexander No. 1

(ohne Foto)

4 cl	*Dry Gin*
1 cl	*Crème de Cacao Weiß*
4 cl	*Schlagsahne, flüssig*
einige	*Eiswürfel*
etwas	*frisch geriebene Muskatnuss*

1. Gin, Crème de Cacao, Sahne und einige Eiswürfel in einen Shaker geben und anschließend gut und lange schütteln.

2. Den Drink durch ein Barsieb in ein gut gekühltes Cocktailglas abseihen. Mit frisch geriebener Muskatnuss bestreut servieren.

Tipp: Der Alexander gehört zu den wenigen Drinks, die etwas länger geschüttelt werden.

Alexander No. 2

(im Foto rechts)

2 cl Armagnac
2 cl Crème de Cacao Braun
2 cl Schlagsahne, flüssig
einige Eiswürfel
etwas frisch geriebene Muskatnuss

1. Armagnac, Crème de Cacao, Sahne und einige Eiswürfel in einen Shaker geben, gut und lange schütteln.

2. Den Drink durch ein Barsieb in ein gut gekühltes Cocktailglas abseihen. Mit frisch geriebener Muskatnuss bestreut servieren.

Alexander's Sister

(im Foto links)

4 cl Gin
1 cl Crème de Menthe Grün
4 cl Schlagsahne, flüssig
einige Eiswürfel
etwas frisch geriebene Muskatnuss

1. Gin, Crème de Menthe, Sahne und einige Eiswürfel in einen Shaker geben und kräftig schütteln.

2. Den Drink durch ein Barsieb in eine Cocktailschale abseihen.

3. Den Drink mit Muskat bestreut servieren.

Altbierbowle

8 Portionen

2 Bund	*Minze*
250 ml (1/4 l)	*Whisky*
3 l	*Altbier*
150 g	*Zucker*
2	*Karambole (Sternfrucht)*
250 ml (1/4 l)	*Grapefruitsaft*

1. Minze abspülen, trocken tupfen und in ein Bowlengefäß geben. Whisky hinzugießen. Minze etwa 1 Stunde ziehen lassen.

2. Den Minzansatz durch ein Sieb gießen, den Whisky auffangen und wieder in das Bowlengefäß geben. Sehr gut gekühltes Altbier und Zucker hinzugeben. Die Bowle etwa 30 Minuten kalt stellen.

3. Karambole abspülen, trocken tupfen, in Scheiben schneiden und in die Bowle geben. Gekühlten Grapefruitsaft hinzugeben und umrühren.

Amaretto Tea

6 cl	*heißer, schwarzer Tee*
2 Barlöffel	*brauner Zucker*
4 cl	*Amaretto*
2 EL	*geschlagene Schlagsahne*

1. Den Tee mit dem Zucker in einem vorgewärmten Punschglas verrühren, bis sich der Zucker gelöst hat.

2. Den Amaretto hinzugeben und eine Sahnehaube daraufsetzen.

Americano

3–4 Eiswürfel
3 cl Campari
3 cl Vermouth Rot
Sodawasser
etwas Bio-Zitronenschale

1. Die Eiswürfel in einen Tumbler (Becherglas) geben. Campari und Vermouth hinzugießen, mit Sodawasser auffüllen und verrühren.

2. Den Drink mit etwas Zitronenschale abspritzen. Die Zitronenschale mit in das Glas geben. Den Drink mit Zitronenschalenstreifen garnieren.

Ananas in weißem Rum

1 Glas zu 1–1,25 l

2 Ananasfrüchte (je etwa 900 g)
300 g weißer Kandiszucker
1–2 Vanilleschoten
1 Bio-Zitrone (unbehandelt, ungewachst)
700 ml weißer Rum (38 Vol.-%)

1. Von den Ananasfrüchten jeweils Blatt- und Strunkende entfernen. Den mittleren Strunk mit einem Ausstecher herausstechen oder die Ananasfrüchte der Länge nach vierteln und den mittleren, holzigen Strunk herausschneiden. Die Ananasfrüchte schälen und das Fruchtfleisch in etwa 1 cm dicke Scheiben schneiden.

2. Die Ananasscheiben mit dem Kandis in ein gründlich gereinigtes, gespültes Glas (1–1, 25 l) geben. Die Vanilleschoten in Stücke schneiden und hinzugeben.

3. Zitrone so schälen, dass die weiße Haut mitentfernt wird. Zitrone in Scheiben schneiden und mit dem Rum in das Glas geben. Das Glas verschließen, kalt gestellt etwa 1 Woche durchziehen lassen.

Haltbarkeit: etwa 4 Wochen.

Ananas in Wodka

350 g Ananasfruchtfleisch (von 1 Ananas)
125 ml (1/8 l) Wasser
150 g Zucker
1 Zimtstange
250 ml (1/4 l) Premium Vodka

1. Ananasfruchtfleisch in kleine Stücke schneiden und in ein gründlich gereinigtes, gespültes Glas geben.

2. Wasser mit Zucker und Zimtstange in einem Topf zum Kochen bringen und abschäumen.

3. Danach das Zuckerwasser mit der Zimtstange sofort über die Ananasstücke geben und etwas abkühlen lassen.

4. Vodka hinzugießen, sodass die Ananasstücke ganz bedeckt sind. Die Flüssigkeit erkalten lassen.

5. Das Glas gut verschließen. Ananas in Wodka kalt gestellt 1–2 Tage durchziehen lassen.

Tipp: Für diesen Drink ist jeder Premium Vodka geeignet.

Aperol Prosecco

4 cl Aperol (Bitter-Aperitiv)
kalter Prosecco oder trockener Sekt

1 Bio-Orangenschalen-spirale

1. Aperol in eine gut gekühlte Sektschale geben.

2. Die Schale mit Prosecco oder trockenem Sekt auffüllen.

3. Den Drink mit einer Orangenschalenspirale garnieren und servieren

Tipps: Aperol ist vergleichbar mit Campari Bitter. Aperol hat einen Alkoholgehalt von 15 Vol.-%, Campari Bitter 25 Vol.-%. Aperol lässt die feine Note von Rhabarber erkennen.

Aperol Sour

5 cl Aperol (Bitter-Aperitiv)
4 cl Zitronensaft
2 cl Zuckersirup
4 cl Orangensaft
einige Eiswürfel
1 Bio-Orangenscheibe
1 Bio-Zitronenscheibe
1 Cocktailkirsche

1. Aperol mit Zitronensaft, Zuckersirup, Orangensaft und einigen Eiswürfeln in einen Shaker geben und kräftig schütteln.

2. Den Drink durch ein Barsieb in einen zur Hälfte mit Eiswürfeln gefüllten Tumbler (Becherglas) abseihen.

3. Den Drink mit einer Orangen- und Zitronenscheibe sowie einer Cocktailkirsche servieren. Nach Belieben kurze Trinkhalme dazureichen.

Apfelkorn

etwa 700 ml

350 ml klarer Apfelsaft
50 g Zucker
250 ml (1/4 l) klarer Doppelkorn

1. Apfelsaft mit Zucker in einem Topf unter Rühren erhitzen, bis sich der Zucker vollständig gelöst hat. Die Saft-Zucker-Lösung zugedeckt vollständig erkalten lassen.

2. Doppelkorn in die erkaltete Saft-Zucker-Lösung rühren.

3. Den Apfelkorn in eine gründlich gereinigte, gespülte Flasche (0,7 l) abfiltern. Flasche gut verschließen.

Haltbarkeit: gekühlt etwa 1 Monat.

Aphrodite-Mix

4 Portionen

Alkoholfrei

200 ml Selleriesaft
200 ml Möhrensaft
2 EL frisch gepresster Zitronensaft
1 EL frisch gehackte Petersilie

4 Bio-Zitronenscheiben
4 Dillzweige

1. Sellerie-, Möhren- und Zitronensaft mit Petersilie verrühren und in 4 gut gekühlte Longdrinkgläser füllen.

2. Die Glasränder mit je einer Zitronenscheibe und einem abgespülten und trocken getupften Dillzweig garnieren und sofort servieren.

Aprikosen-Mandel-Verführung

1 Glas zu 3 l

250 g	Zucker
280 ml	Wasser
1 ½ kg	Aprikosen
500 ml (½ l)	Rum (80 Vol.-%)
150 ml	Weingeist/Ethanol (hochprozentiger Alkohol aus der Apotheke, 90 Vol.-%)
400 g	weißer Kandiszucker
15	süße, abgezogene Mandeln
1	Zimtstange
5 Tropfen	Bittermandel-Aroma

1. Zucker mit Wasser in einem Topf verrühren, zum Kochen bringen und kurz aufkochen. Zuckerlösung abkühlen lassen.

2. Aprikosen abspülen, abtropfen lassen und in eine Schüssel legen. Die Aprikosen mit kochendem Wasser übergießen und nach etwa 1 Minute mit kaltem Wasser abschrecken.

3. Aprikosen enthäuten, halbieren, entsteinen und je nach Größe vierteln. Aprikosenhälften oder -viertel in ein großes, gründlich gereinigtes, gespültes Glas (3 l) geben.

4. Rum, Weingeist und die Zuckerlösung in das Glas gießen. Kandis, Mandeln, Zimtstange und Aroma hinzufügen. Die Zutaten einmal gründlich umrühren. Das Glas mit einem Deckel fest verschließen, dunkel und kalt gestellt, etwa 6 Wochen durchziehen lassen. In den ersten Tagen das Glas vorsichtig schütteln, damit sich die Zutaten gut miteinander vermischen.

Tipp: Die beschwipsten Aprikosen in kleine Stücke schneiden und mit dem Likör servieren oder evtl. mit trockenem Sekt aufgießen.

Haltbarkeit: 4–6 Monate.

Apricot Blossom

3 cl Gin
2 cl Aprikosenlikör
einige Eiswürfel
etwas zerstoßenes Eis
1 Cocktailkirsche

1. Gin und Likör mit einigen Eiswürfeln in einem Rührglas verrühren.

2. Etwas zerstoßenes Eis in eine Cocktailschale füllen. Den Drink durch ein Barsieb in die Cocktailschale abseihen. Die Cocktailkirsche in die Schale legen.

Apricot Honey

4 Portionen

Alkoholfrei

250 g gedünstete Aprikosenhälften
2 EL flüssiger Wildblütenhonig
375 ml (3/8 l) Milch
Mineralwasser mit Kohlensäure

1. Die Aprikosenhälften abtropfen lassen und in einen Elektromixer geben. Honig und Milch hinzugeben und pürieren.

2. Vier Gläser zur Hälfte mit dem pürierten Saft füllen und mit gekühltem Mineralwasser auffüllen.

Arabische Nächte

4 Portionen

Alkoholfrei

8 Minzeblättchen
125 ml (1/8 l) Zitronensaft
250 ml (1/4 l) heißes Wasser
250 g Johannisbeergelee
einige Eiswürfel
375 ml (3/8 l) kalter Orangensaft
700 ml kaltes Ginger Ale

einige Minzeblättchen
4 Bio-Orangenscheiben

1. Minzeblättchen abspülen, trocken tupfen und in einer Schüssel zerdrücken. Zitronensaft, heißes Wasser und Johannisbeergelee hinzugeben und umrühren, bis sich das Gelee aufgelöst hat. Die Mischung erkalten lassen.

2. Die Mischung durch ein Sieb in eine Karaffe mit Eiswürfeln füllen. Orangensaft und Ginger Ale hinzugießen und unterrühren.

3. Das Getränk durch ein Sieb in gekühlte Stielgläser gießen. Die Glasränder mit abgespülten und trocken getupften Minzeblättchen und Orangenscheiben garnieren.

Aufgesetzter mit Limetten

etwa 1,1 l

6–8 Bio-Limetten (unbehandelt, ungewachst)
2 Kaffirblätter (Limettenblätter, erhältlich im Asia-Laden)
1 l weißer Rum (37,5 Vol.-%)

1. Limetten heiß abwaschen, abtrocknen und mit einem Sparschäler dünn schälen. Dabei darauf achten, dass nur die Schale und nicht das Weiße abgeschält wird. Kaffirblätter abspülen, trocken tupfen und klein zupfen.

2. Die Limettenschale und Kaffirblätter in ein großes, gründlich gereinigtes, gespültes Glas füllen und mit Rum übergießen. Das Glas fest verschließen. Den Aufgesetzten etwa 1 Monat durchziehen lassen.

3. Den Aufgesetzten durch ein mit einem Geschirrtuch ausgelegtes Sieb gießen, in gründlich gereinigte, gespülte Flaschen füllen, fest verschließen und kalt gestellt aufbewahren.

Haltbarkeit: gekühlt etwa 6 Monate.

B 52

2 cl Kahlúa (Kaffeelikör)
2 cl Baileys
(Original Irish Cream Likör)
1 cl Rum (70 Vol.-%)

1. Zuerst Kaffeelikör, dann Baileys und zuletzt Rum ganz vorsichtig schichtweise über einen Teelöffel in ein Shotglas (Shortdrinkglas) gießen.

2. Den Rum anzünden, kurz brennen lassen, auspusten oder mit einem Bierdeckel löschen. Den Drink mit einem Trinkhalm von unten in einem Zug austrinken.

Bacardi Martini

3 cl Barcadi Superior (weißer Rum)
2 cl Vermouth Dry
einige Eiswürfel

1 grüne Olive

1. Rum mit Vermouth und einigen Eiswürfeln in einem Rührglas verrühren.

2. Den Drink durch ein Barsieb in ein Cocktailglas abseihen. Die Olive in das Cocktailglas geben und den Drink servieren.

Baileys Dream

2 cl weißer oder brauner Rum
4 cl Baileys (Original Irish Cream Likör)
2 cl Kokossirup
4 cl Schlagsahne, flüssig
8 cl kalter Ananassaft
einige Eiswürfel
etwas Crushed Ice
1 Ananasscheibe
1 Cocktailkirsche
1 Holzspieß
etwas Raspelschokolade

1. Rum mit Baileys, Kokossirup, Sahne, Ananassaft und einigen Eiswürfeln in einen Shaker geben und kräftig schütteln.

2. Den Drink durch ein Barsieb in ein zur Hälfte mit Crushed Ice gefülltes Fancyglas (0,4 l) abseihen.

3. Die Ananasscheibe und Cocktailkirsche auf einen Holzspieß spießen und über den Glasrand legen. Den Drink zusätzlich mit etwas Raspelschokolade verzieren und servieren.

Tipp: Baileys ist ein Creamlikör auf der Basis von Sahne und irischem Whiskey.

Banana Italiano

3 cl Galliano
3 cl Crème de Bananes
5 cl Schlagsahne, flüssig
einige Eiswürfel
1 Bananenscheibe
1 Karambolescheibe (Sternfrucht)

1. Die Liköre und Sahne mit einigen Eiswürfeln in einen Shaker geben und kräftig schütteln.

2. Den Drink durch ein Barsieb in ein zur Hälfte mit Eiswürfeln gefülltes Longdrinkglas abseihen.

3. Mit einer Bananenscheibe und einem Karambolestern garnieren.

Batida Cherie

4 cl Batida de Côco
6 cl Sauerkirschnektar
einige Eiswürfel
10 cl Sekt

1. Batida de Côco mit Nektar und einigen Eiswürfeln in einem weiten Kelchglas verrühren.

2. Gekühlten Sekt hinzugießen und den Cocktail servieren.

Beau Rivage

2 cl weißer Rum
2 cl Vermouth Dry
2 cl Vermouth Rot
1 Spritzer Grenadinesirup
2 cl Orangensaft
einige Eiswürfel

¼ Bio-Orangenscheibe
1 Cocktailkirsche
1 Cocktailspieß

1. Rum, Vermouth, Grenadinesirup, Orangensaft und einige Eiswürfel in einen Shaker geben und kräftig schütteln.

2. Den Drink durch ein Barsieb in eine vorgekühlte Cocktailschale abseihen.

3. Eine Orangenscheibe und eine Cocktailkirsche auf einen Cocktailspieß stecken. Beau Rivage damit garnieren.

Bellini

1–2 weiße Pfirsiche
trockener Sekt
evtl. etwas Zitronensaft
oder Pfirsichlikör

1. Pfirsiche kurz in kochendes Wasser legen, in kaltem Wasser abschrecken und enthäuten. Das Fruchtfleisch vom Stein lösen und pürieren.

2. Das Pfirsichmus in eine Cocktailschale geben und mit gut gekühltem Sekt langsam aufgießen, dabei leicht umrühren.

3. Es kann nach Belieben etwas Zitronensaft oder Pfirsichlikör hinzugegeben werden.

Tipps: Der Bellini schmeckt besonders gut, wenn man statt Sekt Champagner verwendet. Wenn es schnell gehen soll, Pfirsichpüree durch Pfirsichnektar ersetzen.

Beschwipste Früchte

1 Glas zu 1 l

80 g	*Farinzucker (brauner Zucker)*
100 ml	*Wasser*
350 g	*Nektarinen*
250 g	*kernlose, kleine weiße Weintrauben*
2	*Limetten*
150 g	*Galia-Melonen-Fruchtfleisch*
300 ml	*Orangenlikör (40 Vol.-%)*

1. Farinzucker mit Wasser in einem Topf zum Kochen bringen und etwa 1 Minute kochen lassen. Zuckerlösung erkalten lassen.

2. Nektarinen waschen, abtrocknen, halbieren und entsteinen. Nektarinenhälften in dünne Spalten oder kleine Stücke schneiden. Weintrauben waschen, abtrocknen und entstielen.

3. Limetten halbieren und den Saft auspressen. Aus dem Melonenfruchtfleisch mit einem Kugelausstecher Kugeln ausstechen oder das Fruchtfleisch in kleine Stücke schneiden.

4. Die vorbereiteten Fruchtstücke in ein gründlich gereinigtes, gespültes, getrocknetes verschließbares Glas (1 l) geben.

5. Zuckerlösung mit Likör verrühren und über die Fruchtstücke geben, einmal gut durchrühren. Die Fruchtstücke müssen vollständig mit der Flüssigkeit bedeckt sein.

6. Das Glas fest verschließen und kalt stellen. Die Fruchtstücke 2–4 Tage durchziehen lassen.

7. Die beschwipsten Früchte mit gekühltem Sekt oder Weißwein aufgießen und servieren.

Haltbarkeit: gekühlt etwa 1 Woche.

Birnen-Kefir-Mix I

8–10 Portionen

Alkoholfrei

200 g frische Himbeeren
2 Dosen Birnenhälften (Abtropfgewicht je 460 g)
1 l Kefir

1. Himbeeren verlesen. Einige Himbeeren und einige abgetropfte Birnenhälften beiseitelegen.

2. Die restlichen Himbeeren und Birnenhälften mit dem Saft aus den Dosen mit einem Stabmixer zerkleinern und mit Kefir verrühren.

3. Birnen-Kefir-Mix in Gläser füllen. Mit den beiseitegelegten Himbeeren und Birnenhälften garnieren.

Tipp: Nach Belieben die Glasränder vor dem Befüllen zuerst in Zitronensaft, dann in Zucker tauchen. So entsteht eine schöne Crusta.

Black Death

2 cl Tequila
4 cl Blue Curaçao
2 cl Grenadinesirup
4 cl Zitronensaft
8 cl Blutorangensaft
einige Eiswürfel
1 Bio-Zitronenscheibe
1 Cocktailkirsche
evtl. 1 Holzspieß
evtl. 2 Trinkhalme

1. Tequila, Curaçao, Grenadinesirup, Zitronensaft, Blutorangensaft und einige Eiswürfel in einen Shaker geben und kräftig schütteln.

2. Den Drink durch ein Barsieb in ein mit einigen Eiswürfeln gefülltes großes Longdrinkglas (0,4 l) abseihen.

3. Eine Zitronenscheibe mit einer Cocktailkirsche auf einen Holzspieß oder an den Glasrand stecken. Den Drink nach Belieben mit 2 Trinkhalmen sofort servieren.

Black Velvet

100 ml Champagner
100 ml Guiness Stout (dunkles englisches Bier)

1. Den gekühlten Champagner in ein Longdrinkglas gießen und mit dem gekühlten Bier auffüllen.

Tipp: Wenn das Bier auf den Champagner gegossen wird, schäumt der Drink weniger, verliert weniger Kohlensäure und bleibt dadurch frischer.

Bloody Mary

1 cl Wodka
6 cl Tomatensaft
1 Spritzer Worcestersauce
1 Spritzer Tabasco
1 Spritzer Zitronensaft
Salz
frisch gemahlener, weißer Pfeffer
einige Eiswürfel

evtl. etwas Staudenselleriegrün

1. Wodka, Tomatensaft, Worcestersauce, Tabasco, Zitronensaft, Salz, Pfeffer und einige Eiswürfel in einen Shaker geben und kräftig schütteln.

2. Den Drink durch ein Barsieb in ein Longdrinkglas abseihen. 2–3 Eiswürfel in das Glas geben.

3. Bloody Mary nach Belieben mit abgespültem und trocken getupften Staudenselleriegrün garnieren und sofort servieren.

Tipp: Sie können den Drink auch mit Selleriesalz würzen.

Bloody Mate

Alkoholfrei

10 cl starker Matetee
10 cl Tomatensaft
2 Eiswürfel
Salz
frisch gemahlener Pfeffer
Tabasco
1 Bio-Zitronenviertel
evtl. 2 Bio-Zitronenspalten
1 Trinkhalm

1. Matetee und Tomatensaft in einem Longdrinkglas mit Eiswürfeln gut verrühren. Mit Salz, Pfeffer und Tabasco würzen.

2. Zitronenviertel über dem Glas ausdrücken und nochmals kurz umrühren. Nach Belieben 2 Zitronenspalten auf einen Holzspieß stecken und über den Glasrand legen. Den Drink mit einem Trinkhalm servieren.

Blue Angel

1 cl Blue Curaçao
2 cl Parfait d´amour
1 cl Kirschwasser
2 cl Schlagsahne, flüssig
2–3 Eiswürfel

evtl. 1 Minzezweig

1. Curaçao, Parfait d´amour, Kirschwasser, Sahne und Eiswürfel in einen Shaker geben und kräftig schütteln.

2. Den Drink durch ein Barsieb in ein Cocktailglas abseihen.

3. Blue Angel nach Belieben mit einem abgespülten und trocken getupften Minzezweig garnieren.

Blue Dream

2 cl Gin
2 cl Blue Curaçao
1 cl Zitronensaft
einige Eiswürfel
1 Dekoschirmchen
1 Cocktailkirsche

1. Gin, Curaçao, Zitronensaft und einige Eiswürfel in einen Shaker geben und kräftig schütteln.

2. Den Drink durch ein Barsieb in eine Cocktailschale abseihen.

3. Blue Dream mit einem Dekoschirmchen und einer Cocktailkirsche garnieren.

Blue Hawaiian

etwas	*Ananassaft*
einige	*Kokosraspel*
3 cl	*weißer Rum*
2 cl	*Blue Curaçao*
4 cl	*Ananassaft*
2 cl	*Cream of Coconut*
etwas	*zerstoßenes Eis*
1	*Ananasstück*
1	*Cocktailkirsche*
1	*Cocktailspieß*

1. Den Rand eines Cocktailglases zuerst in Ananassaft, dann in Kokosraspel tauchen.

2. Rum, Curaçao, Ananasaft, Cream of Coconut und etwas zerstoßendes Eis in einen Elektromixer geben und pürieren.

3. Den Drink in das vorbereitete Glas füllen. Ein Ananasstück und eine Cocktailkirsche auf einen Cocktailspieß stecken. Den Drink damit garnieren und sofort servieren.

Blue Lagoon

4 cl	*Wodka*
2 cl	*Blue Curaçao*
1 Barlöffel	*Zitronensaft*
einige	*Eiswürfel*
	Zitronenlimonade
1	*Bio-Zitronenscheibe*
1	*Cocktailkirsche*
1	*Minzezweig*

1. Wodka, Curaçao, Zitronensaft und einige Eiswürfel in einen Shaker geben und kräftig schütteln.

2. Den Drink mit dem Eis in ein Longdrinkglas geben. Mit etwas Zitronenlimonade auffüllen.

3. Blue Lagoon mit einer Zitronenscheibe, einer Cocktailkirsche und einem abgespülten und trocken getupften Minzezweig garnieren.

Bombay Crushed

4 Kumquats
2 TL brauner Zucker (Rohrzucker)
4 cl Lime Juice
etwas Crushed Ice
6 cl Gin

1 Trinkhalm

1. Kumquats heiß abwaschen, abtrocknen und halbieren. Kumquathälften in einen Tumbler (Becherglas) geben. Braunen Zucker und Lime Juice hinzugeben. Die Kumquathälften mit einem Stößel gut zerdrücken.

2. Das Glas mit Crushed Ice auffüllen. Den Gin darübergießen und gut verrühren. Den Drink mit einem Trinkhalm servieren.

Bonnie's Love

4 cl Drambuie
2 cl frisch gepresster Orangensaft
einige Eiswürfel
halbtrockener Sekt
1 Bio-Orange (unbehandelt, ungewachst)

1. Drambuie, Orangensaft und einige Eiswürfel in einen Shaker geben und kräftig schütteln.

2. Den Drink durch ein Barsieb in eine Cocktailschale abseihen. Mit gut gekühltem Sekt auffüllen.

3. Orange heiß abwaschen und abtrocknen. Von der Schale dünne Spiralen abschneiden. Bonnie's Love mit der Orangenspirale garniert servieren.

Boris Special

Alkoholfrei

1 Eigelb
2 cl Schlagsahne, flüssig
1 cl Zitronensaft
4 cl Ananassaft
2 cl Orangensaft
4 cl Blue Curaçao (alkoholfrei)
einige Eiswürfel

1 Ananasstück
1 Cocktailkirsche
evtl. 1 kleiner Minzezweig

1. Eigelb, Sahne, Zitronen-, Ananas-, Orangensaft, Curaçao und einige Eiswürfel in einen Shaker geben und kräftig schütteln.

2. Den Drink durch ein Barsieb in ein Longdrinkglas abseihen.

3. Boris Special mit einem Ananasstück, einer Cocktailkirsche und nach Belieben mit einem abgespülten und trocken getupften Minzezweig garniert servieren.

Hinweis: Nur ein ganz frisches Eigelb verwenden, das nicht älter als 5 Tage ist (Legedatum beachten).

Brandy Crusta

etwas	Zitronensaft
etwas	Zucker
1 Stück	Bio-Zitronenschale
	Saft von
1/2	Zitrone
1 Barlöffel	Zucker
1 Spritzer	Angostura Bitter
1 Barlöffel	Maraschino-Likör
1 Barlöffel	Curaçao Triple sec
4 cl	Weinbrand
einige	Eiswürfel
1	Bio-Zitronenschalenspirale

1. Den Rand eines Sektkelches zuerst in Zitronensaft, dann in Zucker tauchen. Zitronenschale in das Glas geben.

2. Zitronensaft mit Zucker, Angostura, Maraschino-Likör, Curaçao, Weinbrand und einigen Eiswürfeln in einen Shaker geben und kräftig schütteln.

3. Den Drink durch ein Barsieb in den gut gekühlten Sektkelch abseihen, mit einer Zitronenschalenspirale garnieren und servieren.

Tipp: Die Crustas sind eine etwas in Vergessenheit geratene Cocktailgruppe, die berühmt sind für ihre Cruste. Crusta spricht für den Zuckerrand und für Orangen- oder Zitronenschalen im Drink.

Brautnacht

2 cl Crème de Menthe Grün
2 cl Parfait d'amour
2 cl Cherry Brandy

1. Crème de Menthe in ein hohes, schmales Likörglas gießen. Parfait d'amour vorsichtig daraufgießen.

2. Zuletzt Cherry Brandy am besten über einen Teelöffel in das Glas laufen lassen. Die Schichten dürfen sich nicht miteinander vermischen.

Breakfast-Smoothie

Alkoholfrei

1/2 Pfirsich
1/2 Banane
150 g Vanillejoghurt
100 ml Orangensaft
1 EL kernige Haferflocken

1. Pfirsich abspülen, abtrocknen und den Stein herausnehmen. Die Pfirsichhälfte in Stücke schneiden. Banane schälen. Die Bananenhälfte ebenfalls in Stücke schneiden.

2. Pfirsich-, Bananenstücke, Joghurt und Orangensaft in einen hohen Rührbecher geben und dann mit einem Stabmixer pürieren. Haferflocken unterrühren.

3. Den Smoothie nach Belieben vor dem Servieren einige Zeit in den Kühlschrank stellen. Smoothie in ein Glas füllen und servieren.

Tipp: Bestreuen Sie den Smoothie kurz vor dem Servieren mit einigen Haferflocken.

Brombeerlikör

etwa 1 l (ohne Foto)

200 g Brombeeren
150 g weißer Kandiszucker
1 Zimtstange
700 ml Weizenkorn

1. Brombeeren verlesen, entstielen, vorsichtig waschen und gut abtropfen lassen. Mit Kandiszucker und Zimtstange in ein gründlich gereinigtes und gespültes, großes Glas schichten. Korn darübergießen, sodass die Brombeeren vollständig bedeckt sind.

2. Das Glas gut verschließen. 6–8 Wochen kalt gestellt durchziehen lassen, ab und zu umrühren. Den Likör durch Filterpapier gießen, in gründlich gereinigte und gespülte Flaschen füllen und gut verschließen.

Haltbarkeit: 4–6 Monate.

Brombeerlikör mit Wodka

etwa 700 ml

60 ml Wasser
150 g Zucker
200 g Brombeeren
250 ml (1/4 l) Wodka (40 Vol.-%)
1 Zimtstange

1. Wasser mit Zucker in einem Topf zum Kochen bringen, kurz aufkochen. Zuckerlösung erkalten lassen.

2. Brombeeren verlesen, waschen, gut abtropfen lassen und evtl. entstielen. Die Brombeeren in ein gründlich gereinigtes, gespültes Glas (0,7 l) füllen.

3. Die Zuckerlösung und Wodka zu den Brombeeren in das Glas gießen. Die Zimtstange hinzufügen und umrühren. Das Glas mit einem Deckel fest verschließen, kalt gestellt 6–8 Wochen durchziehen lassen. Danach den Likör in eine gründlich gereinigte, gespülte Flasche abfiltern, die Flasche gut verschließen.

Haltbarkeit: 4–6 Monate.

Brombeer-Tee-Bowle

4 Portionen

Alkoholfrei

5 TL schwarzer Johannisbeertee
500 ml (1/2 l) kochendes Wasser
2 EL Kandiszucker
250 g Brombeeren
500 ml (1/2 l) Multivitaminsaft (rote Früchte)

1. Den Johannisbeertee in eine Kanne geben, mit kochendem Wasser übergießen und etwa 5 Minuten ziehen lassen.

2. Den Tee durch ein Sieb in ein Bowlengefäß gießen und mit Kandiszucker süßen. Den Tee kalt stellen.

3. Brombeeren verlesen, abspülen, abtropfen lassen.

4. Den Tee mit dem gekühlten Multivitaminsaft auffüllen, Brombeeren hinzugeben. Die Bowle umrühren und servieren.

Butterfly Flip

1 Eigelb
1 cl Schlagsahne, flüssig
3 cl Cognac
3 cl Crème de Cacao Braun
einige Eiswürfel

etwas Kakaopulver

1. Eigelb, Sahne, Cognac, Crème de Cacao und einige Eiswürfel in einen Shaker geben und anschließend kräftig schütteln.

2. Den Drink durch ein Barsieb in ein Cocktailglas abseihen.

3. Butterfly Flip mit Kakao bestäuben.

Hinweis: Nur ein ganz frisches Eigelb verwenden, das nicht älter als 5 Tage ist (Legedatum beachten).

Café Brûlot

2 Portionen

2	Bio-Orangenscheiben
3	Gewürznelken
1 kleines	
Stück	Zimtstange
4 Stück	Würfelzucker
4 EL (60 ml)	Weinbrand
2 Tassen	starker, heißer Kaffee
2 EL	Schlagsahne
evtl. einige	Bio-Orangenschalen-streifen

1. Die Orangenscheiben mit den Nelken spicken und in einen kleinen Topf geben. Zimt, Würfelzucker und Weinbrand hinzugeben. Die Zutaten erhitzen, sodass der Zucker fast aufgelöst ist, etwas ziehen lassen.

2. Orangenscheiben herausnehmen. Die Weinbrandflüssigkeit anzünden.

3. Den Kaffee hinzugießen und in Tassen (Kaffeebecher) füllen.

4. Die Sahne steif schlagen, in einen Spritzbeutel mit Sterntülle füllen. Jeweils einen Sahnetuff auf den Café spritzen. Nach Belieben mit Orangenschalenstreifen bestreuen.

Café Frappé

Alkoholfrei

2–4 Portionen

600 ml	*frisch gekochter, starker Kaffee*
180 g	*Zucker*
6	*Eiswürfel*
100 g	*Schlagsahne*

1. Kaffee mit Zucker verrühren und erkalten lassen.

2. Den Kaffee mit den Eiswürfeln und der Sahne in einen Elektromixer geben und kräftig durchmixen, sodass ein Kaffeeschaum entsteht.

3. Den Café Frappé in 2–4 Gläser füllen und sofort servieren.

Tipp: Nach Belieben können Sie den Café Frappé mit einem Kaffee-, Schokoladen- oder Sahnelikör aromatisieren.

Caipi-Cointreau

1	*Bio-Limette (unbehandelt, ungewachst)*
3 geh. TL	*brauner Rohrzucker*
2 cl	*Lime Juice*
etwas	*grob zerstoßenes Eis*
6 cl	*Cointreau*
1	*Trinkhalm*

1. Die Limette heiß abwaschen und abtrocknen. Von der Limette die Enden abschneiden. Limette achteln, in einen Tumbler (Becherglas) geben, mit dem Rohrzucker bestreuen und mit einem Holzstößel gut zerdrücken. Lime Juice hinzugeben.

2. Das Glas mit grob zerstoßenem Eis auffüllen und Cointreau hinzugießen. Alles gut verrühren und mit einem kurzen Trinkhalm servieren.

Tipps: Nach Belieben können die Limettenachtel vor dem Servieren aus dem Glas entfernt werden. Nach klassischer Art bleiben sie jedoch im Glas. Caipi-Cointreau mit einer Limettenspirale garnieren. Von der Limette müssen die Enden abgeschnitten werden, da hier die meisten Bitterstoffe vorhanden sind und die Endstücke kein Fruchtfleisch enthalten.

Caipirinha

1	*Bio-Limette (unbehandelt, ungewachst)*
2 cl	*Lime Juice*
3 geh. TL	*brauner Rohrzucker*
etwas	*grob zerstoßenes Eis oder Crushed Ice*
5 cl	*Cachaça*
1–2	*kurze, dicke Trinkhalme*

1. Die Limette heiß abwaschen und abtrocknen. Von der Limette die Enden abschneiden. Limette achteln und anschließend in einen Tumbler (Becherglas, 0,3 l) geben.

2. Lime Juice hinzufügen, mit dem Zucker bestreuen und alles mit einem Holzstößel gut zerdrücken.

3. Das Glas mit dem Eis auffüllen. Cachaça hinzugießen. Drink umrühren, mit Trinkhalmen servieren.

Tipps: Cachaça ist ein brasilianischer Zuckerrohrschnaps, der nicht wie Rum aus Melasse, sondern aus frischem Zuckerrohr hergestellt wird. Köstlich schmeckt auch **Cachaça-Cola**. Dazu 4 cl Cachaça in ein zur Hälfte mit Eiswürfeln gefülltes Longdrinkglas geben, mit kalter Cola auffüllen und nach Belieben einen Spritzer Limettensaft hinzugeben. Wichtig ist, bei der Limette die Enden abzuschneiden, da hier die meisten Bitterstoffe vorhanden sind und kein Fruchtfleisch ist.

Caipirinha-Bowle

8 Portionen

9–10 Bio-Limetten (unbehandelt, ungewachst)
250 g brauner Rohrzucker
250 ml (1/4 l) Cachaça
1 kleine Galia-Melone
1,4 l Mineralwasser mit Kohlensäure
1 1/2 l trockener Sekt
einige Eiswürfel
einige Trinkhalme

1. Sieben bis acht Limetten heiß abwaschen, abtrocknen und achteln. Limettenachtel in ein Bowlengefäß geben und mit dem Zucker vermengen. Mit einem Holzstößel die Limettenachtel zerdrücken, sodass der Saft austritt. Cachaça unterrühren. Das Bowlengefäß in den Kühlschrank stellen.

2. Melone halbieren und die Kerne mit einem Löffel herausschaben. Melonenhälften schälen und in kleine Würfel schneiden oder mit einem Kugelausstecher ausstechen. Melonenwürfel oder -kugeln ebenfalls in das Bowlengefäß geben. Das Bowlengefäß mit Frischhaltfolie zugedeckt etwa 2 Stunden in den Kühlschrank stellen.

3. Kurz vor dem Servieren die restlichen Limetten so schälen, dass die weiße Haut mitentfernt wird. Die Limetten vierteln und in Scheiben schneiden. Limettenscheiben, gekühltes Mineralwasser, gekühlten Sekt und Eiswürfel zu der Fruchtmischung in das Bowlengefäß geben.

4. Die Bowle in Gläsern verteilen, mit Löffeln und Trinkhalmen servieren.

Tipp: Anstelle von Limettenscheiben die restlichen 2 Limetten auspressen und den Saft mit 150 ml Mineralwasser vermischen. Die Mischung in einen Eiswürfelbehälter füllen und im Gefrierschrank gefrieren lassen. Die Limetten-Eiswürfel statt der Wasser-Eiswürfel vor dem Servieren in die Bowle geben.

Campari Orange

3–4 Eiswürfel
5 cl Campari
frisch gepresster Orangensaft

½ Bio-Orangenscheibe oder Bio-Orangenstücke
1 Trinkhalm

1. Die Eiswürfel in ein Longdrinkglas geben.

2. Campari hinzugeben, mit Orangensaft auffüllen und verrühren.

3. Das Glas mit der Orangenscheibe oder einigen Orangenstückchen am Spieß garnieren.

4. Campari Orange mit einem Trinkhalm servieren.

Chai

4 Portionen

Alkoholfrei

1 l	*Milch*
4 EL	*loser, schwarzer Tee*
1	*Zimtstange*
1–2	*Gewürznelken*
evtl.	*Kardamom oder Sternanis*
evtl. etwas	*brauner Zucker (Rohrzucker)*

1. Die Milch in einem Topf zum Kochen bringen. Tee, Zimtstange, Nelken und Kardamom oder Sternanis hinzugeben und etwa 2 Minuten bei schwacher Hitze leicht kochen lassen.

2. Den Chai durch ein Sieb gießen und in 4 Gläser verteilen. Nach Belieben mit braunem Zucker süßen.

Tipps: Der Tee schmeckt heiß und kalt. Den kalten Chai **(Foto)** mit einigen Eiswürfeln und nach Belieben mit Zimtstangen garniert servieren.

Charly's Special

1 Stück	*Würfelzucker*
etwas	*Angostura Bitter*
1	*Eiswürfel*
2 cl	*Cognac*
1	*Cocktailkirsche*
	Champagner
etwas	*Bio-Zitronenschale*

1. Den Würfelzucker mit Angostura tränken und in eine Sektschale legen.

2. Den Eiswürfel, Cognac und die Cocktailkirsche hinzufügen und das Glas mit gekühltem Champagner auffüllen.

3. Anschließend den Cocktail mit etwas Zitronenschale abspritzen und die Zitronenschale mit in die Sektschale geben.

Clementinen-Ratafia I

etwa 1,2 l

12	*Bio-Clementinen (unbehandelt, ungewachst)*
1 TL	*Koriandersamen*
2	*Zimtstangen*
700 ml	*Wodka (40 Vol.-%)*
400 g	*Zucker*

1. Die Clementinen heiß abwaschen und abtrocknen. Clementinen mit einem Sparschäler dünn schälen. Die Schale in feine Streifen schneiden.

2. Sechs der Clementinen halbieren und den Saft auspressen. Die restlichen Clementinen in dünne Scheiben schneiden.

3. Koriandersamen leicht zerstoßen. Zimtstangen in Stücke brechen.

4. Clementinenschalenstreifen, -scheiben, -saft, Zimt, Wodka und Zucker in ein gründlich gereinigtes, gespültes, großes Glas geben. Das Glas verschließen und kräftig schütteln.

5. Clementinen-Ratafia etwa 2 Monate an einem kühlen, dunklen Ort (am besten im Keller) durchziehen lassen. Zwischendurch schütteln.

6. Den Clementinen-Ratafia durch ein mit einem Geschirrtuch ausgelegtes Sieb gießen und in 2 Flaschen (je 0,6 l) füllen. Die Flaschen fest verschließen und kalt stellen.

Tipps: Nach Belieben können Sie statt Wodka auch Gin oder Weinbrand verwenden. Die herausgefilterten Clementinenscheiben in ein Glas geben und mit Ratafia aufgefüllt servieren.

Haltbarkeit: gekühlt etwa 12 Monate.

Coco Choco

Alkoholfrei

2 cl	*dunkler Schokoladensirup*
4 cl	*Cream of Coconut*
10 cl	*Milch*
einige	*Eiswürfel*
einige	*Trinkhalme*

1. Sirup mit Cream of Coconut, gekühlter Milch und einigen Eiswürfeln in einen Elektromixer geben und kräftig durchmixen.

2. Den Drink durch ein Barsieb in ein großes, mit einigen Eiswürfeln gefülltes Longdrinkglas abseihen. Den Drink mit Trinkhalmen servieren.

Tipp: Cream of Coconut ist eine dickflüssige Kokosnusscreme aus Kokosnussfleisch, Rohrzucker und Wasser. Verwendung findet sie überwiegend bei der Herstellung von Cocktails.

Cooler

Alkoholfrei

1 Kugel	*Vanilleeis*
10 cl	*Mineralwasser ohne Kohlensäure*
15 cl	*Orangensaft*
5 cl	*Ananassaft*
2–3	*Eiswürfel*
evtl. 1	*Ananasstück*
1	*Trinkhalm*

1. Das Vanilleeis mit Mineralwasser, Orangen- und Ananassaft in einem Elektromixer gut durchmixen.

2. Das Getränk durch ein Barsieb in ein mit 2–3 Eiswürfeln gefülltes Longdrinkglas abseihen.

3. Nach Belieben den Glasrand mit einem Ananasstück garnieren. Das Getränk mit einem Trinkhalm servieren.

Cocovado

etwas Zitronensaft
etwas grüner Zucker
etwas zerstoßenes Eis

2 cl Blue Curaçao
2 cl Tequila
1 cl Drambuie
einige Eiswürfel
Zitronenlimonade

1 Bio-Zitronenscheibe
1 Cocktailkirsche
1 Trinkhalm

1. Ein Kelchglas mit dem Rand zuerst in Zitronensaft, dann in den grünen Zucker tauchen. Etwas zerstoßenes Eis in das Kelchglas geben.

2. Curaçao, Tequila, Drambuie und einige Eiswürfel in einen Shaker geben und kräftig schütteln.

3. Den Drink durch ein Barsieb in das vorbereitete Kelchglas abseihen. Mit etwas gekühlter Zitronenlimonade auffüllen.

4. Den Cocovado mit einer Zitronenscheibe und einer Cocktailkirsche garnieren und mit einem Trinkhalm servieren.

Tipp: Drambuie ist ein Whisky-Likör aus Malt Whisky, Heidehonig und Heidekräutern.

Cosmopolitan

4 cl	*Citrus Flavoured Vodka*
2 cl	*Cointreau*
1 cl	*Preiselbeersirup*
2 cl	*Preiselbeersaft*
einige	*Eiswürfel*
2 cl	*Preiselbeersaft*
1 Stück	*Bio-Limette*
1	*Bio-Limettenscheibe*

1. Vodka, Cointreau, Preiselbeersirup, Preiselbeersaft und einige Eiswürfel in einen Shaker geben und kräftig schütteln. Den Drink durch ein Barsieb in eine vorgekühlte Cocktailschale abseihen.

2. Preiselbeersaft hinzugießen, sodass der Preiselbeersaft auf den Boden der Schale sinkt. Den Drink mit einem Limettenstück abspritzen und mit einer Limettenscheibe garnieren.

Cuba Libre

einige	*Eiswürfel*
6 cl	*weißer Rum*
	Cola
	Saft von
¼	*Limette*
evtl. einige	*Bio-Limettenspalten*

1. Einige Eiswürfel in ein Glas geben. Den Rum hinzufügen. Das Glas mit gekühlter Cola auffüllen.

2. Den Limettensaft hinzugeben und kurz umrühren.

3. Cuba Libre nach Belieben mit Limettenspalten garnieren.

Daiquiri I

4 cl weißer Rum
2 cl Limetten- oder Zitronensaft
2 cl Zuckersirup
einige Eiswürfel

evtl. 2 Trinkhalme

1. Rum mit Limetten- oder Zitronensaft, Zuckersirup und einigen Eiswürfeln in einen Shaker geben und kräftig schütteln.

2. Den Drink durch ein Barsieb in eine gut gekühlte Cocktailschale abseihen. Daiquiri nach Belieben mit Trinkhalmen servieren.

Tipp: Der Daiquiri kann statt mit Saft und Zuckersirup auch nur mit 4 cl Lime Juice zubereitet werden.

Datteln in Dessertwein

etwa 1,1 l

etwa 300 g	*Datteln (ohne Stein)*
½	*Vanilleschote*
½	*Zimtstange*
3	*Gewürznelken*
5	*weiße Pfefferkörner*
1 Msp.	*Kardamom*
125 g	*brauner Kandiszucker*
700 ml	*Dessertwein (z. B. Eiswein, Marsala, Sherry, Portwein)*

1. Datteln, Vanilleschote, Zimtstange, Gewürznelken, Pfefferkörner und Kardamom in ein gründlich gereinigtes, gespültes, großes Glas geben. Kandis hinzugeben und mit Dessertwein übergießen.

2. Das Glas fest verschließen und kurz schütteln. Die Datteln etwa 1 Monat kalt und dunkel gestellt (am besten im Keller) durchziehen lassen.

3. Die Datteln in ein Sieb geben und dabei den Dessertwein auffangen. Den Wein in gründlich gereinigte, gespülte Flaschen mit einem weiten Flaschenhals füllen. Die Datteln in die Flaschen geben. Die Flaschen fest verschließen. Die Datteln in Dessertwein kalt gestellt aufbewahren.

Tipps: Die Datteln in Dessertwein passen sehr gut zu Käse und Nachspeisen. Schneiden Sie Ziegenkäse in Scheiben, legen jeweils eine Dattel darauf und fixieren diese mit einem Holzstäbchen.

Haltbarkeit: gekühlt etwa 6 Monate.

Daylight

Alkoholfrei

4 Portionen

2	*reife Pfirsiche*
250 ml (1/4 l)	*Aprikosensaft*
250 ml (1/4 l)	*Pfirsichsaft*
250 ml (1/4 l)	*Grapefruitsaft*
einige	*Eiswürfel*

1. Die Pfirsiche kurz in kochendes Wasser legen (nicht kochen lassen), in kaltem Wasser abschrecken, enthäuten, halbieren, entsteinen, in Würfel schneiden.

2. Die gut gekühlten Aprikosen-, Pfirsich- und Grapefruitsäfte in einen Krug füllen und gut vermischen. Pfirsich- und einige Eiswürfel in 4 Gläser verteilen. Die Saftmischung darübergeben.

Death in the Afternoon I

4 cl Absinth
2 Eiswürfel
Champagner

1. Absinth in eine Champagnerschale geben, Eiswürfel hinzugeben.

2. Das Glas mit gekühltem Champagner auffüllen.

Tipps: Der Drink schmeckt auch mit trockenem Sekt. Absinth ist eine Bitterspirituose/Wermutspirituose, die es auch mit Zusätzen von z. B. Anis gibt. Absinth ist ein sagenumwobener Wermut, der bis zum Jahr 1998 verboten war. Er kann einen hohen Alkoholgehalt von 45–73 Vol.-% haben.

Deep Red

Alkoholfrei

1–2 EL	*Grenadinesirup*
1 Spritzer	*Zitronen- oder Limettensaft*
200 ml	*Ginger Ale*
einige	*Eiswürfel*
1–2	*kleine Honigmelonenspalten*
1–2	*Cocktailkirschen*
evtl.	*Minzeblättchen*

1. Grenadinesirup mit Zitronen- oder Limettensaft und der Hälfte des gekühlten Ginger Ales in einem Rührglas verrühren. Ein großes Longdrinkglas mit Eiswürfeln füllen und die Mischung darübergießen.

2. Restliches Ginger Ale hinzugießen und leicht umrühren. Den Drink mit Honigmelonenspalten, Cocktailkirschen und nach Belieben mit abgespülten und trocken getupften Minzeblättchen garnieren.

Tipp: Anstelle von Ginger Ale kann Mineralwasser mit Kohlensäure verwendet werden, dann gut 2 Esslöffel Grenadinesirup und 2 Spritzer Zitronen- oder Limettensaft nehmen.

Draculas Love

5 cl Vodka Red
3 cl Licor 43
2 cl Zimtsirup
3 cl Schlagsahne, flüssig
6 cl Ananassaft
einige Eiswürfel

etwas gemahlener Zimt

1. Vodka, Licor 43, Zimtsirup, Sahne, Ananassaft und einige Eiswürfel in einen Shaker geben und kräftig schütteln.

2. Den Drink durch ein Barsieb in ein zur Hälfte mit Eiswürfeln gefülltes Longdrinkglas (0,4 l) abseihen. Mit etwas Zimt bestreut servieren.

Tipp: Licor 43 ist ein Likör bestehend aus Kräutern, Vanille und frischen Fruchtessenzen.

Drei-Frucht-Getränk

4 Portionen

Alkoholfrei

2 Äpfel
2 Birnen
250 g Erdbeeren
1 EL Zitronensaft
Mineralwasser mit Kohlensäure

1. Äpfel und Birnen schälen, vierteln, entkernen und in Stücke schneiden. Erdbeeren putzen, waschen, abtropfen lassen und entstielen. 4 schöne Erdbeeren beiseitelegen.

2. Apfel-, Birnenstücke und Erdbeeren in einem elektrischen Entsafter entsaften. Zitronensaft unterrühren.

3. Den Drei-Frucht-Saft in hohen Gläsern verteilen. Mit gekühltem Mineralwasser auffüllen. Die Glasränder mit den beiseitegelegten Erdbeeren garnieren.

Dubarry Cocktail

1 Spritzer Angostura Bitter
3 Spritzer Pastis
1 cl Vermouth Dry
4 cl Dry Gin
einige Eiswürfel
½ Bio-Orangenscheibe

1. Angostura, Pastis, Vermouth, Gin und einige Eiswürfel in einem Rührglas gut verrühren.

2. Den Drink durch ein Barsieb in ein gekühltes Cocktailglas abseihen. Die Orangenscheibe in das Glas legen.

Dunkles Elchbier

4 Portionen

500 ml (1/2 l) Malzbier
500 ml (1/2 l) Cola

1 Bio-Limette (unbehandelt, ungewachst)
4 Cocktailspieße mit bunten Figuren

1. Gekühltes Malzbier und gekühlte Cola in 4 große Gläser verteilen. Dafür die Gläser jeweils zur Hälfte vorsichtig mit Bier, dann mit Cola füllen, da die Getränke stark schäumen.

2. Limette heiß abwaschen und abtrocknen. Von der Limette 4 gleich große Scheiben abschneiden. Die Limettenscheiben zur Hälfte einschneiden und jeweils auf den Glasrand stecken. Das Elchbier mit Cocktailspießen servieren.

Egg-Nogg I

1	*Eigelb*
2–3 TL	*Puderzucker*
5 cl	*Weinbrand*
125 ml (1/8 l)	*kalte Milch*
einige	*Eiswürfel*
evtl. 1 Prise	*frisch geriebene Muskatnuss*
1	*Trinkhalm*

1. Das Eigelb mit Puderzucker, Weinbrand, Milch und einigen Eiswürfeln in einen Shaker geben und kräftig schütteln.

2. Den Drink durch ein Barsieb in ein Longdrinkglas abseihen.

3. Den Drink kurz umrühren. Nach Belieben mit Muskat bestreuen und mit einem Trinkhalm servieren.

Hinweis: Nur ein ganz frisches Eigelb verwenden, das nicht älter als 5 Tage ist (Legedatum beachten).

Tipps: Den Milchdrink können Sie auch heiß genießen. Dazu die geschüttelten Zutaten statt mit kalter mit heißer Milch auffüllen und gut verrühren. Mit etwas frisch geriebener Muskatnuss bestreuen. Das heiße Milchgetränk in einem hitzebeständigen Glas/Gefäß servieren.

Variante: **Schoko-Egg Nogg.**
Verwenden Sie statt Puderzucker Kakaogetränkepulver.

Ei-ei-ei-Erfrischung

einige Eiswürfel
4 cl Eierlikör
Zitronenlimonade

1 Bio-Zitronenscheibe
evtl. 1 Trinkhalm

1. Ein Longdrinkglas zur Hälfte mit Eiswürfeln füllen. Eierlikör hinzugießen.

2. Das Glas mit gekühlter Limonade auffüllen und kurz umrühren.

3. Den Drink mit einer Zitronenscheibe garnieren und nach Belieben mit einem Trinkhalm servieren.

Eierpunsch mit Arrak

3 Eier
2 Eigelb
300 g Zucker
350 ml Weißwein
500 ml (1/2 l) Wasser
Saft von
1 Orange
Saft von
1 Zitrone
150 ml Arrak

1. Eier, Eigelb, Zucker, Weißwein und Wasser in eine Edelstahlschüssel geben und im heißen Wasserbad mit dem Schneebesen schlagen, bis eine dickflüssige Masse entstanden ist.

2. Orangen-, Zitronensaft und Arrak hinzugießen und unter kräftigem Schlagen bis kurz vor dem Kochen erhitzen. Den Punsch in Gläsern verteilen und heiß servieren.

Hinweis: Nur ganz frische Eier verwenden, die nicht älter als 5 Tage sind (Legedatum beachten).

Eingelegte Kumquats

etwa 1 l

20	*Bio-Kumquats (unbehandelt)*
4	*Ingwerpflaumen (in Sirup eingelegt)*
16	*Gewürznelken*
1	*Zimtstange*
50 g	*Pinienkerne*
1 EL	*Minzeblättchen*
250 ml (1/4 l)	*Wasser*
150 g	*Zucker*
6 EL	*Orangenlikör*

1. Kumquats heiß abwaschen und abtrocknen. Kumquats mit einem Holzstäbchen mehrmals einstechen und in ein gründlich gereinigtes, gespültes, großes Glas geben.

2. Ingwerpflaumen in einem Sieb abtropfen lassen und vierteln. Die Pflaumenviertel, Nelken, Zimtstange, Pinienkerne und abgespülte, trocken getupfte Minzeblättchen zu den Kumquats in das Glas geben.

3. Wasser mit Zucker in einem Topf zum Kochen bringen und etwa 10 Minuten kochen lassen. Die Kumquats mit der Zuckerlösung übergießen und erkalten lassen.

4. Orangenlikör unterrühren. Das Glas fest verschließen. Die Kumquats im Kühlschrank etwa 12 Stunden durchziehen lassen.

5. Die eingelegten Kumquats kalt und dunkel gestellt aufbewahren.

Haltbarkeit: gekühlt 2–3 Wochen.

Eingelegte Orangen

1 Glas zu 2 l (ohne Foto)

1 1/2 kg	*Orangen*
700 ml	*trockener Weißwein*
150 ml	*Weingeist/Ethanol (hochprozentiger Alkohol aus der Apotheke, 90 Vol.-%)*
200 g	*Zucker*
8	*Gewürznelken*
1	*Zimtstange*
1	*Bio-Zitrone (unbehandelt, ungewachst)*

1. Orangen mit einem Messer so schälen, dass die weiße Haut mitentfernt wird. Orangen in ein gründlich gereinigtes, gespültes, verschließbares Glas (2 l) geben.

2. Weißwein und Weingeist hinzugießen. Zucker, Nelken und Zimtstange unterrühren.

3. Die Zitrone heiß abwaschen, abtrocknen und die Schale dünn abschälen. Zitrone halbieren und den Saft auspressen. Zitronenschale und -saft in das Glas geben und unterrühren. Das Glas fest verschließen und kalt stellen. Eingelegte Orangen etwa 2 Wochen durchziehen lassen. Die Orangen in den ersten Tagen gelegentlich umrühren, bis der Zucker vollständig gelöst ist.

Tipps: Orangen nach Belieben filetieren oder in Stücke schneiden und mit dem gefilterten Orangenlikör servieren. Lecker schmecken die Orangenfilets bzw. -stücke auch zu Vanilleeis oder -pudding.

Haltbarkeit: gekühlt etwa 2 Wochen.

Eiscreme-Soda, rot I

1 Kugel Vanilleeis
einige Kirschen (aus dem Glas)
Rotwein
Sodawasser
evtl. 1 Minzezweig

1. Eine Eiskugel in ein weites Stielglas setzen. Einige Kirschen mit in das Glas geben.

2. Das Glas gut zur Hälfte mit Rotwein füllen. Mit etwas gut gekühltem Sodawasser auffüllen.

3. Eiscreme-Soda, rot nach Belieben mit einem abgespülten und trocken getupften Minzezweig garnieren und sofort servieren.

Tipp: Für **Eiscreme-Soda, weiß** die Kirschen durch Pfirsichspalten und den Rotwein durch Weißwein ersetzen.

Eiskaffee

2–4 Portionen

Alkoholfrei

500 ml (1/2 l) Milch oder
500 g Schlagsahne
50 g gemahlener Kaffee
evtl. Zucker
500 ml (1/2 l) Vanilleeis
250 g Schlagsahne
einige Schokoladenstreusel

1. Milch oder Sahne in einem Topf zum Kochen bringen. Gemahlenen Kaffee in eine Kanne geben. Die kochende Milch oder Sahne hinzugießen. Den Kaffee zugedeckt etwa 30 Minuten ziehen lassen.

2. Die Kaffeemilch oder -sahne durch ein Sieb in einen Krug oder Topf gießen. Den Kaffee evtl. mit Zucker abschmecken und anschließend vollständig erkalten lassen.

3. Vanilleeis in Würfel schneiden (1 Vanilleeiswürfel zum Garnieren beiseitelegen) und in 2–4 Gläser geben. Den Kaffee in den Gläsern verteilen.

4. Sahne steif schlagen und in einen Spritzbeutel mit Sterntülle füllen.

5. Den Eiskaffee mit der Sahne verzieren, mit Schokostreuseln bestreut und mit dem beiseitegelegten Vanilleeis garniert servieren.

Eisschokolade

4 Portionen

Alkoholfrei

100 g	Vollmilch-Schokolade
125 ml (1/8 l)	Wasser
500 ml (1/2 l)	Milch
125 g	Schlagsahne
500 ml (1/2 l)	Vanilleeis
125 g	Schlagsahne
etwas	Vollmilch-Schokolade

1. Die Schokolade in kleine Stücke brechen und mit Wasser in einem kleinen Topf unter ständigem Rühren so lange erhitzen, bis die Schokolade vollständig geschmolzen ist.

2. Nach und nach die Milch und Sahne hinzugießen, unter Rühren erhitzen, aber nicht kochen lassen. Den Topf von der Kochstelle nehmen.

3. Schokoladenmilch oder -sahne abkühlen lassen und in den Kühlschrank stellen.

4. Das Vanilleeis in Würfel schneiden und in 4 Gläser geben. Die Schokoladenmilch oder -sahne in den Gläsern verteilen.

5. Die Sahne steif schlagen, in einen Spritzbeutel mit Sterntülle füllen und jeweils einen Sahnetuff auf die Eisschokolade spritzen. Nach Belieben mit grob geriebener Schokolade verzieren.

Eistee

Alkoholfrei

4 Portionen

1 l	*Wasser*
einige	*Teeblätter (schwarzer Tee)*
je 1 Stück	*Bio-Zitronen- und Bio-Orangenschale*
2	*Gewürznelken*
1	*Zimtstange*
2	*Pimentkörner*
etwas	*Zucker oder Honig*
einige	*Eiswürfel*
evtl. 4	*Bio-Orangenscheiben*

1. Das Wasser in einem Topf zum Kochen bringen. Die Teeblätter, Zitronen-, Orangenschale, Gewürznelken, Zimtstange und Pimentkörner in eine Kanne geben und mit dem kochenden Wasser übergießen. Den Tee 3–5 Minuten ziehen lassen.

2. Den Tee durch ein Sieb gießen, mit Zucker oder Honig süßen und erkalten lassen.

3. Vier Gläser mit Eiswürfeln füllen und mit dem Tee aufgießen. Die Glasränder nach Belieben mit je einer Orangenscheibe garnieren.

Entencocktail

50–60 g	*Waldbeeren (z. B. Erdbeeren, Himbeeren, Brombeeren)*
10 cl	*Champagner*
1	*Erdbeere mit Grün*
evtl. 1	*Trinkhalm*

1. Die Waldbeeren putzen, abspülen, trocken tupfen, in einen Rührbecher geben und mit einem Stabmixer pürieren. Das Püree durch ein Sieb streichen und in einen Champagnerkelch geben.

2. Gekühlten Champagner hinzugießen. Den Cocktail vorsichtig umrühren.

3. Die Erdbeere abspülen, trocken tupfen und an den Glasrand stecken. Den Cocktail nach Belieben mit einem Trinkhalm servieren.

Erdbeerbowle

10–12 Portionen

500 g	*Erdbeeren*
2–3 EL	*Zucker*
700 ml	*trockener Weißwein*
1,4 l	*trockener oder halbtrockener Sekt*
einige	*Cocktailgabeln*

1. Erdbeeren putzen, waschen und trocken tupfen. Die Erdbeeren halbieren oder vierteln, in ein großes Bowlengefäß (3–4 l) geben und mit Zucker bestreuen.

2. Die Hälfte des gekühlten Weins hinzugießen, etwa 1 Stunde kalt stellen und durchziehen lassen.

3. Den restlichen gekühlten Wein und gut gekühlten Sekt hinzugießen. Die Bowle leicht umrühren, in Bowlengläser füllen und mit Cocktailgabeln servieren.

Erdbeeren mit Orange und Mandeln in Doppelkorn I

1,5–1,8 l

1 kg Erdbeeren
3 TL Zucker
1 Bio-Orange (unbehandelt, ungewachst)
50 g abgezogene, ganze Mandeln
320 g brauner Kandiszucker
1 l Doppelkorn (38 Vol.-%)

1. Erdbeeren putzen, waschen, gut abtropfen lassen und entstielen. Große Erdbeeren halbieren. Erdbeeren und Zucker in einer Schüssel vermischen und zum Saftziehen stehen lassen.

2. Die Orange heiß abwaschen, abtrocknen und die Schale mit einem Sparschäler dünn abschneiden.

3. Erdbeeren mit dem entstandenen Saft, Orangenschale, Mandeln und Kandis in ein gründlich gereinigtes, gespültes, großes Glas geben.

4. Doppelkorn hinzugießen, sodass die Erdbeeren mit dem Korn ganz bedeckt sind.

5. Das Glas verschließen und einmal kurz schütteln, damit sich die Zutaten vermischen.

6. Erdbeeren etwa 4 Wochen an einem kühlen, dunklen Ort (am besten im Keller) durchziehen lassen.

Tipp: Anstelle von Doppelkorn und Kandis können Sie auch weißen Rum und Rohrzucker verwenden. Dadurch erhalten die Erdbeeren eine leicht karibische Note.

Haltbarkeit: gekühlt 6–12 Monate.

Erdbeer-Himbeer-Smoothie

Alkoholfrei

50 g Erdbeeren
100 g Himbeeren
5 EL Joghurt
50 ml Vollmilch
50 ml Zitronensaft

evtl. einige Himbeeren
etwas gemahlener Zimt

1. Erdbeeren putzen, waschen, trocken tupfen und entstielen. Erdbeeren in Stücke schneiden. Himbeeren verlesen, evtl. kurz abspülen und trocken tupfen.

2. Erdbeerstücke und Himbeeren mit Joghurt, Milch und Zitronensaft in einen hohen Rührbecher geben und mit einem Stabmixer pürieren. Den Smoothie nach Belieben einige Zeit in den Kühlschrank stellen.

3. Den Smoothie in ein Glas füllen. Nach Belieben mit einigen Himbeeren garnieren und mit Zimt bestäuben.

Tipps: Wenn Sie es lieber süßer mögen, geben Sie 1 Teelöffel flüssigen Honig oder Ahornsirup in den Smoothie. Durch die Säure des Zitronensaftes kann es passieren, dass die Milch gerinnt. Achten Sie deshalb darauf, dass die Milch gut gekühlt ist, oder verwenden Sie Sojamilch.

Erdbeer-Joghurt-Likör

etwa 1,4 l

500 g Erdbeeren
200 ml Erdbeersirup
500 g Erdbeerjoghurt (3,5 % Fett)
1 Pck. Dr. Oetker Vanillin-Zucker
400 ml Doppelkorn (38 Vol.-%)

1. Erdbeeren putzen, waschen, abtropfen lassen, entstielen und vierteln. Erdbeerviertel mit Sirup, Joghurt und Vanillin-Zucker in einem Elektromixer mixen oder mit Handrührgerät mit Rührbesen auf höchster Stufe etwa 1 Minute durchrühren.

2. Doppelkorn hinzugießen und nochmals gut durchmixen oder durchrühren. Den Likör in 2 gründlich gereinigte, gespülte Flaschen (0,7 l) füllen, mit je einem Flaschenverschluss fest verschließen und kalt stellen.

Tipp: Den Likör vor dem Servieren kräftig durchschütteln.

Haltbarkeit: gekühlt etwa 14 Tage.

Erdbeer-Kiwi-Sekt

8 Portionen (ohne Foto)

250 g Erdbeeren
3 Kiwis
8 cl Campari
750 ml trockener Sekt

1. Die Erdbeeren putzen, waschen, abtropfen lassen, entstielen und vierteln. Die Kiwis schälen und in Stücke schneiden.

2. Den Campari in 8 Sektgläser verteilen, die Früchte hinzufügen und mit eiskalten Sekt auffüllen.

Erdbeerlikör

250 g	*kleine, aromatische Erdbeeren*
250 g	*weißer Kandiszucker*
700 ml	*Rum oder Weinbrand*

1. Die Erdbeeren waschen, abtropfen lassen und entstielen.

2. Erdbeeren mit Kandiszucker in ein gründlich gereinigtes, gespültes, großes Glas geben.

3. Rum oder Weinbrand hinzugießen. Das Glas fest verschließen und einige Wochen kalt stellen.

4. Den Likör nach der Durchziehzeit durch ein mit einem Geschirrtuch ausgelegtes Sieb gießen. Den Likör in eine gründlich gereinigte, gespülte Flasche füllen. Die Flasche fest verschließen. Den Erdbeerlikör kalt gestellt noch einige Wochen stehen lassen.

Tipp: Die Erdbeeren zu Eis oder Pudding reichen.

Haltbarkeit: gekühlt 4–6 Monate.

Erdbeerlimes

etwa 1 l

700 g	*Erdbeeren*
150 ml	*Erdbeersirup*
4 cl	*Weinbrand (40 Vol.-%)*
2 cl	*Grand Marnier (40 Vol.-%)*
	Saft von
1	*Limette*
120 ml	*Weingeist/Ethanol (hochprozentiger Alkohol aus der Apotheke, 90 Vol.-%)*
1 Pck.	*Dr. Oetker Vanillin-Zucker*

1. Die Erdbeeren putzen, waschen, abtropfen lassen, entstielen und vierteln. Erdbeerviertel mit Sirup, Weinbrand, Grand Marnier, Limettensaft, Weingeist und Vanillin-Zucker in einen Elektromixer geben (evtl. in 2 Portionen) und in etwa 2 Minuten zu einer cremigen Masse verrühren.

2. Erdbeerlimes in eine gründlich gereinigte, gespülte Flasche füllen und mit einem Flaschenverschluss fest verschließen. Erdbeerlimes sofort genießen oder im Kühlschrank aufbewahren. Erdbeerlimes vor dem Servieren einmal kräftig durchschütteln.

Tipp: Limes ist ein fruchtiger Likör mit einem geringen Alkoholgehalt.

Haltbarkeit: gekühlt etwa 2 Wochen.

Erdbeer-Mint-Smoothie I

Alkoholfrei

4–5 Minzezweige
150 g Erdbeeren
3 EL Joghurt
1 EL flüssiger Honig
2–3 EL Limettensaft

1. Minze abspülen und trocken tupfen. Die Blättchen von den Stängeln zupfen. Minzeblättchen klein schneiden. Erdbeeren putzen, waschen, trocken tupfen und entstielen. Erdbeeren in Stücke schneiden.

2. Minze, Erdbeerstücke, Joghurt, Honig und Limettensaft in einen hohen Rührbecher geben und mit einem Stabmixer pürieren.

3. Den Smoothie nach Belieben einige Zeit in den Kühlschrank stellen.

4. Smoothie in ein Glas füllen und servieren.

Tipp: Erdbeer-Mint-Smoothie mit einem abgespülten, trocken getupften Minzezweig garnieren und mit einem dicken Trinkhalm servieren.

Espressolikör

etwa 1,25 l

250 ml (1/4 l) Wasser
375 g Zucker
375 ml (3/8 l) kalter Espresso
250 ml (1/4 l) Aroma-Sirup Karamell-Geschmack
250 ml (1/4 l) Weingeist/Ethanol (hochprozentiger Alkohol aus der Apotheke, 90 Vol.-%)

1. Wasser mit Zucker in einem Topf zum Kochen bringen und sirupartig einkochen lassen. Espresso und Aroma-Sirup unterrühren, erkalten lassen. Weingeist unterrühren.

2. Den Espressolikör in eine gründlich gereinigte, gespülte Flasche füllen und verschließen. Espressolikör sofort genießen oder kalt gestellt aufbewahren.

Haltbarkeit: gekühlt etwa 6 Wochen.

Exotika

Alkoholfrei

4 Portionen

200 g Ananasfruchtfleisch
2 EL Zitronenmelisseblättchen
250 ml (1/4 l) Ananassaft
2 EL flüssiger Waldhonig
250 ml (1/4 l) Mineralwasser mit Kohlensäure

1. Das Ananasfruchtfleisch in Stücke schneiden, mit den Zitronenmelisseblättchen und etwas Ananassaft in einen Elektromixer geben und pürieren.

2. Den Honig in dem restlichen Ananassaft auflösen und mit dem gekühlten Mineralwasser unter das Fruchtpüree rühren.

3. Das Getränk gut gekühlt in Gläsern servieren.

Feeling Well

4 cl brauner Rum
2 cl Kokoslikör
8 cl Ananassaft
6 cl Maracujasaft
2 cl Zitronensaft
einige Eiswürfel
1 Ananasstück
1 Cocktailkirsche
1 Holzspieß
1 Trinkhalm

1. Rum mit Kokoslikör, Ananas-, Maracuja-, Zitronensaft und einigen Eiswürfeln in einen Shaker geben und kräftig schütteln.

2. Den Cocktail durch ein Barsieb in ein zur Hälfte mit Eiswürfeln gefülltes Longdrinkglas abseihen.

3. Das Ananasstück an den Glasrand stecken und die Cocktailkirsche mit einem Holzspieß auf das Ananasstück stecken.

4. Den Cocktail mit einem Trinkhalm servieren.

Feigen, eingelegt

etwa 1 l (ohne Foto)

125 ml ($^1/_8$ l)	*Wasser*
225 g	*Zucker*
12	*frische Feigen*
20 g	*frische Ingwerwurzel*
250 ml ($^1/_4$ l)	*Wodka (40 Vol.-%)*

1. Wasser mit Zucker in einem Topf verrühren, zum Kochen bringen, kurz aufkochen und erkalten lassen.

2. Die Feigen vorsichtig unter kaltem Wasser abspülen, trocken tupfen und in ein großes, gereinigtes, gespültes Glas (etwa 1 l) schichten.

3. Ingwer schälen, in dünne Scheiben schneiden und zu den Feigen in das Glas geben. Zuckerlösung und Wodka hinzugießen, vorsichtig umrühren. Das Glas verschließen. Eingelegte Feigen kalt stellen und etwa 4 Wochen durchziehen lassen.

Haltbarkeit: gekühlt etwa 6 Wochen.

Feigenbowle

Alkoholfrei

2 Portionen

1 Dose	*grüne Feigen (Abtropfgewicht 220 g)*
500 ml ($^1/_2$ l)	*Eistee Zitronen-Geschmack*
	Saft von
1	*Orange*
2 EL	*flüssiger Tannenhonig*
1 Msp.	*gemahlene Nelken*

1. Die Feigen in einem Sieb abtropfen lassen, dabei den Feigensaft auffangen.

2. Feigensaft mit gekühltem Eistee und Orangensaft verrühren. Den Honig gut unterrühren. Mit Nelken abschmecken.

3. Die Feigen halbieren oder vierteln und in die Flüssigkeit geben.

4. Feigenbowle gut gekühlt servieren.

Feuerzangenbowle I

6 Portionen

1 Bio-Orange (unbehandelt, ungewachst)
5 Gewürznelken
1,4 l Rotwein
1 kleiner Zuckerhut (etwa 250 g)
250 ml (1/4 l) Rum (mind. 54 Vol.-%)

1. Die Orange heiß abwaschen, abtrocknen und die Schale dünn abreiben.

2. Die Gewürznelken mit der Orangenschale in einen Teebeutel geben. Den Rotwein in einem Topf erhitzen, aber nicht kochen lassen. Den Topf auf einen Rechaud oder ein Stövchen stellen. Den Rotwein heiß halten. Den Teebeutel hinzugeben und einige Minuten ziehen lassen.

3. Anschließend den Teebeutel herausnehmen. Den Zuckerhut auf eine Feuerzange über den Topf legen. Den Rum nach und nach mit einer Schöpfkelle über den Zuckerhut laufen lassen.

4. Nach dem ersten Übergießen anzünden. Der Zucker muss restlos in den Rotwein tropfen. Die Bowle heiß servieren.

Tipp: Garnieren Sie die Gläser nach Belieben mit Orangenschalenspiralen.

Feuerzauber

etwa 1 l

400 g pürierte Tomaten (aus der Dose)
300 ml Orangensaft
Saft von 2 Zitronen
80 g Zucker
2 TL Tabasco
200 ml Wodka (40 Vol.-%)
frisch gemahlener Pfeffer

1. Tomatenpüree mit Orangen-, Zitronensaft, Zucker, Tabasco und Wodka in einem Elektromixer mixen bzw. mit Handrührgerät mit Rührbesen auf höchster Stufe durchrühren, sodass eine cremige Masse entsteht.

2. Feuerzauber mit Pfeffer abschmecken und in eine gründlich gereinigte, gespülte Flasche füllen. Die Flasche mit einem Flaschenverschluss fest verschließen und kalt stellen.

Tipp: Die Flasche mit einem Window-Color-Stift beschriften.

Haltbarkeit: gekühlt etwa 14 Tage.

Finlandia Night

4 cl	*Wodka*
2 cl	*Zitronensaft*
einige	*Eiswürfel*
	schwarzer Johannisbeersaft

1. Wodka, Zitronensaft und einige Eiswürfel in einem Rührglas verrühren.

2. Den Drink durch ein Barsieb in ein Kelchglas abseihen. Mit dem Johannisbeersaft auffüllen.

Flamingo

etwas	*Zitronensaft*
etwas	*rosa Zucker*
4 cl	*Dry Gin*
2 cl	*Apricot Brandy*
2 cl	*Zitronensaft*
1 Barlöffel	*Grenadinesirup*
einige	*Eiswürfel*

1. Den Rand einer Sektschale zuerst in Zitronensaft, dann in rosa Zucker tauchen.

2. Gin, Apricot Brandy, Zitronensaft, Grenadinesirup und einige Eiswürfel in einen Shaker geben und kräftig schütteln.

3. Den Drink durch ein Barsieb in die vorbereitete Sektschale abseihen.

Florida

Alkoholfrei

1 Eigelb
2 cl Grenadinesirup
2 cl Zitronensaft
je 4 cl Ananas- und Orangensaft
einige Eiswürfel

½ Bio-Orangenscheibe
1 Ananasstück
2 grüne Cocktailkirschen
1 Glassticker

1. Eigelb, Grenadinesirup, Zitronen-, Ananas-, Orangensaft und einige Eiswürfel in einen Shaker geben und kräftig schütteln.

2. Den Drink durch ein Barsieb in ein Longdrinkglas abseihen.

3. Orangenscheibe, Ananasstück und Kirschen auf einen Sticker spießen, in das Glas geben.

Hinweis: Nur ganz frisches Eigelb verwenden, das nicht älter als 5 Tage ist (Legedatum beachten).

Flying Kangaroo I

3 cl Wodka
3 cl weißer Rum
1 cl Galliano
1 cl Cream of Coconut
1 cl Schlagsahne, flüssig
4 cl Ananassaft
2 cl Orangensaft
einige Eiswürfel
etwas grob zerstoßenes Eis

1. Wodka, Rum, Galliano, Cream of Coconut, Sahne, Ananas-, Orangensaft und einige Eiswürfel in einen Shaker geben und kräftig schütteln.

2. Danach den Drink durch ein Barsieb in ein zur Hälfte mit zerstoßenem Eis gefülltes Fancyglas abseihen.

Tipp: Eine Ananasscheibe und eine Cocktailkirsche auf einen Holzspieß stecken, auf den Glasrand legen und den Drink servieren.

Fromme Helene

1–2 EL grob zerstoßenes Eis
2 cl Eierlikör
3 cl Maraschino-Likör

1. Zerstoßenes Eis in ein Cocktailglas geben. Eierlikör und Likör hinzugießen und kurz umrühren.

Tipp: Den Drink nach Belieben mit einer Kirsche garnieren und mit einem kurzen Trinkhalm servieren.

Frozen Daiquiri

6 cl weißer Rum
1 cl Limettensaft
2 cl Zuckersirup
etwas fein zerstoßenes Eis
etwas Bio-Limettenschale

1. Rum, Limettensaft, Zuckersirup und zerstoßenes Eis in einen Elektromixer geben und auf höchster Stufe durchmixen.

2. Den Drink in eine Sektschale füllen und mit der Limettenschale garnieren. Frozen Daiquiri am besten sofort servieren.

Frozen Strawberry Daiquiri

6	*Erdbeeren*
5 cl	*weißer Rum*
	Saft von
1/2	*Limette*
1 TL	*Zuckersirup*
etwas	*grob zerstoßenes Eis oder Crushed Ice*

1. Erdbeeren putzen, waschen, trocken tupfen und entstielen. 1 Erdbeere mit Grün zum Garnieren beiseitelegen. Restliche Erdbeeren mit Rum, Limettensaft, Sirup und dem Eis in einen hohen Rührbecher geben und gut pürieren.

2. Den Drink in eine gut gekühlte Cocktailschale gießen. Den Glasrand mit der beiseitegelegten Erdbeere garnieren.

Früchtebowle

Alkoholfrei

8 Portionen

500 g	*Früchte der Saison (z. B. Kirschen, Johannisbeeren, Melone, Ananas)*
1 l	*Apfelsaft*
750 ml (3/4 l)	*Mineralwasser mit Kohlensäure*
einige	*Eiswürfel*

1. Die Früchte vorbereiten: Kirschen waschen, abtropfen lassen und entsteinen. Johannisbeeren waschen, abtropfen lassen und mit einer Gabel von den Rispen streifen. Melone halbieren und die Kerne entfernen. Melonenhälften schälen und aus dem Fruchtfleisch mit einem Kugelausstecher Kugeln ausstechen. Von der Ananas Blatt- und Strunkende entfernen. Ananas schälen, vierteln und den harten Strunk herausschneiden. Ananas würfeln.

2. Die vorbereiteten Früchte in ein Bowlengefäß oder einen großen Glaskrug geben. Apfelsaft und Mineralwasser hinzufügen. Die Bowle einige Stunden im Kühlschrank durchziehen lassen.

3. Die Bowle mit Eiswürfeln in Gläser füllen und servieren.

Tipp: Die Gläser mit bunten Spießen oder Getränkelöffeln versehen.

Früchteteelikör

1–1,1 l (ohne Foto)

200 ml	*kochendes Wasser*
70 g	*Früchtetee (loser Tee, z. B. Brombeertee)*
300 g	*weißer Kandiszucker*
600 ml	*Wodka (40 Vol.-%)*

1. Das Wasser zum Kochen bringen. Den Tee in eine Kanne geben, mit kochendem Wasser aufbrühen und etwa 10 Minuten ziehen lassen.

2. Den Tee durch ein feines Sieb gießen, den Tee dabei auffangen.

3. Kandis in ein großes, gründlich gereinigtes, gespültes Glas geben. Mit dem Tee übergießen und mit Wodka auffüllen. Das Glas fest verschließen.

4. Den Likör kalt und dunkel gestellt etwa 4 Wochen durchziehen lassen, dabei ab und zu durchschütteln. Den Früchteteelikör kalt gestellt aufbewahren.

Haltbarkeit: etwa 6 Monate.

Früchtezauber

Alkoholfrei

4 Portionen (ohne Foto)

2	*mittelgroße Äpfel*
500 ml (1/2 l)	*Milch*
2 EL	*geriebene Haselnusskerne*
4 EL	*Honig*
250 ml (1/4 l)	*Apfelsaft*
150 g	*verlesene Himbeeren*
1	*Apfel*
etwas	*Zitronensaft*

1. Die Äpfel schälen, vierteln, entkernen, würfeln und in einen Elektromixer geben. Milch, Haselnusskerne, Honig und Apfelsaft dazugeben und alles etwa 2 Minuten mixen.

2. Die Himbeeren in 4 Gläser geben und das Mixgetränk darauffüllen.

3. Den Apfel schälen, in Spalten schneiden, mit Zitronensaft beträufeln und den Drink damit garnieren.

Haltbarkeit: etwa 6 Monate.

Fruchtmilch I

Alkoholfrei

2 Portionen

100 g	*Banane*
50 g	*vorbereitete Himbeeren*
500 ml (½ l)	*fettarme Milch*
evtl. etwas	*Zucker*
evtl. 4	*Trinkhalme*

1. Banane schälen und in Stücke schneiden. Himbeeren verlesen. Bananenstücke und Himbeeren in einem Elektromixer pürieren.

2. Nach und nach gekühlte Milch hinzugießen, kräftig durchschlagen. Nach Belieben mit Zucker süßen.

3. Die Fruchtmilch in 2 Bechergläser füllen und gut gekühlt nach Belieben mit je 2 Trinkhalmen servieren.

Frühlingssinfonie

Alkoholfrei

4 Portionen

1 EL	*Veilchenblüten*
2 EL	*Waldmeisterblätter*
3 EL	*junge Brennnesselblätter*
2 TL	*flüssiger Kleehonig*
	Saft von
1	*Zitrone*
2 EL	*Waldmeistersirup*
250 ml (1/4 l)	*Kefir*
250 ml (1/4 l)	*Bitter Orange*
einige	*Eiswürfel*

1. Veilchenblüten, Waldmeisterblätter und Brennnesselblätter vorsichtig abspülen, trocken tupfen und in einen Elektromixer geben.

2. Den flüssigen Kleehonig, Zitronensaft, Waldmeistersirup, Kefir und Bitter Orange hinzugeben und gut verschlagen.

3. Einige Eiswürfel in 4 Tumbler (Bechergläser) geben. Die Masse darauf verteilen.

Tipp: Die Glasränder nach Belieben mit Veilchenblüten garnieren.

Gewürzlikör mit Nelkenblüten I

1,6–2,1 l

500 g weiße Nelkenblüten (unbehandelt)
10 Gewürznelken
2 Zimtstangen
1–1 1/2 l Wodka (40 Vol.-%)
300 ml Wasser
350–500 g Zucker

1. Die Blüten leicht zerdrücken. Zusammen mit den Gewürznelken und Zimtstangen in ein großes, gründlich gereinigtes, gespültes Glas oder in gründlich gereinigte, gespülte Flaschen mit weitem Flaschenhals geben.

2. Wodka in einem Topf leicht erhitzen (nicht aufkochen lassen) und über die vorbereiteten Zutaten gießen.

3. Glas oder Flaschen fest verschließen und an einem sonnigen Ort, z. B. auf der Fensterbank, 1–2 Monate durchziehen lassen. Das Glas oder die Flaschen ab und zu schütteln.

4. Anschließend den Ansatz durch ein mit einem Geschirrtuch ausgelegtes Sieb gießen. Die Blüten nicht ausdrücken und den Likör auffangen. Den Ansatz über mehrere Stunden abtropfen lassen.

5. Wasser in einem Topf erhitzen, Zucker hinzufügen und so lange rühren, bis sich der Zucker vollständig aufgelöst hat. Die Zuckerlösung 1–2 Minuten bei schwacher Hitze kochen lassen. Den aromatisierten Wodka mit der Zuckerlösung verrühren und in gründlich gereinigte, gespülte Flaschen füllen. Flaschen fest verschließen und kalt stellen. Der Likör kann sofort getrunken werden.

Haltbarkeit: gekühlt 6–12 Monate.

Gimlet

(ohne Foto)

4 cl Gin
2 cl Lime Juice
einige Eiswürfel

1 Bio-Limettenscheibe
1/2 Bio-Zitronenscheibe
1 Holzspieß

1. Gin und Lime Juice mit einigen Eiswürfeln in ein Rührglas geben und gut verrühren.

2. Den Drink in eine gut gekühlte Cocktailschale abseihen. Limetten- und Zitronenscheibe auf einen Holzspieß stecken und den Gimlet damit garnieren.

Gin Fizz

5 cl Gin
3 cl Zitronensaft
2 cl Zuckersirup
einige Eiswürfel
Sodawasser

einige Bio-Zitronenscheiben

1. Gin mit Zitronensaft, Zuckersirup und einigen Eiswürfeln in einen Shaker geben und kräftig schütteln.

2. Den Drink durch ein Barsieb in ein zur Hälfte mit Eiswürfeln gefülltes Longdrinkglas abseihen.

3. Den Drink mit gekühltem Sodawasser auffüllen und mit Zitronenscheiben garnieren.

Ginfrüchte

1 Glas zu 2 l

1	*Honigmelone (etwa 1 kg)*
4	*Kiwis*
4	*Nektarinen*
375 g	*weißer Kandiszucker*
4	*Pimentkörner*
2	*Zimtstangen*
700 ml	*Gin (37,5 Vol.-%)*

1. Die Honigmelone halbieren, entkernen, vierteln und schälen. Das Melonenfleisch in Streifen schneiden und in ein gründlich gereinigtes, gespültes, gut abgetropftes großes Glas (2 l) oder mehrere kleine Gläser geben.

2. Die Kiwis schälen und in Scheiben schneiden. Die Nektarinen waschen, abtrocknen, halbieren und entsteinen. Nektarinenhälften in Scheiben schneiden. Die Kiwi- und Nektarinenscheiben abwechselnd mit dem Kandis in das große Glas oder die kleinen Gläser schichten. Pimentkörner und Zimtstangen hinzufügen.

3. Das Glas oder die kleinen Gläser mit Gin auffüllen und verschließen. Die Ginfrüchte kalt gestellt etwa 1 Woche durchziehen lassen.

Haltbarkeit: gekühlt 3–4 Wochen.

Glögg I

10 Portionen

100 g	***Korinthen***
	heißes Wasser
2	***Bio-Orangen (unbehandelt, ungewachst)***
2 l	***Rotwein***
500 ml (1/2 l)	***Cognac***
3	***Muskatblüten (Macis)***
1	***Zimtstange***
2	***Gewürznelken***
1–2 TL	***gemahlener Ingwer***
250–300 g	***Zucker***
100 g	***abgezogene Mandeln***

1. Die Korinthen in eine Schale geben, mit heißem Wasser übergießen und beiseitestellen. Orangen heiß abwaschen, abtrocknen und die Schale abreiben.

2. Rotwein, Cognac, Orangenschale, Muskatblüten, Zimtstange, Nelken, Ingwer und Zucker in einen Topf geben, zum Kochen bringen und etwa 15 Minuten bei schwacher Hitze ziehen lassen.

3. Den Glögg durch ein Sieb gießen und die Flüssigkeit auffangen. Die Korinthen abtropfen lassen. Die Korinthen mit den Mandeln in Gläsern verteilen, mit dem heißen Glögg auffüllen und sofort servieren.

Tipp: Glögg ist die skandinavische Variante zu unserem **Glühwein**. Dafür 1 1/2 Liter Rotwein, 300 g Zucker, 2 Zimtstangen, 10 Gewürznelken und die abgeriebene Schale von 1 Bio-Zitrone (unbehandelt, ungewachst) in einem Topf erhitzen, aber nicht kochen. Die Zimtstangen und die Nelken entfernen und den Glühwein in Glühwein- oder Teegläser füllen. Den Glühwein mit Bio-Orangenscheiben garnieren und sofort servieren.

Glühweinessenz I

etwa 1 ½ l

400 g	*Kandiszucker*
½ Pck.	*Dr. Oetker Finesse Geriebene Zitronenschale*
½ Pck.	*Dr. Oetker Finesse Natürliches Orangenschalen-Aroma*
700 ml	*Rotwein*
2	*Zimtstangen*
4	*Gewürznelken*
2	*Sternanis*
600 ml	*Portwein*
100 ml	*brauner Rum (54 Vol.-%)*

1. Kandis, Zitronenschale, Orangenschalen-Aroma, Rotwein, Zimtstangen, Nelken und Sternanis in einem Topf erhitzen und 10–15 Minuten sirupartig einkochen und erkalten lassen.

2. Den Rotweinsirup mit Portwein und Rum verrühren und in ein großes, gründlich gereinigtes, gespültes Glas füllen und anschließend das Glas fest verschließen.

3. Glühweinessenz etwa 1 Woche an einem kühlen, dunklen Ort durchziehen lassen.

4. Die Glühweinessenz durch ein mit einem Geschirrtuch ausgelegtes Sieb filtern, in Flaschen abfüllen und wieder fest verschließen.

Tipps: Geben Sie 1–2 Esslöffel von der Glühweinessenz in ein Teeglas und füllen Sie das Glas mit etwa 100 ml heißem Wasser oder Früchtetee auf. Servieren Sie das warme Getränk z. B. zu frischen Krapfen oder Berlinern.

Haltbarkeit: gekühlt etwa 12 Monate.

Godfather

4 cl Whiskey
2 cl Amaretto
einige Eiswürfel
evtl. 1 Cocktailkirsche
evtl. 1 Holzspieß

1. Whiskey und Amaretto mit einigen Eiswürfeln in ein Longdrinkglas geben und verrühren.

2. Nach Belieben eine Cocktailkirsche auf einen Holzspieß stecken.

3. Den Drink damit garnieren.

Grapefruit in Wodka und Aperol

etwa 2 l

180 g	*Zucker*
600 ml	*Wasser*
1 kg	*Bio-Grapefruits (unbehandelt, ungewachst, z. B. Pink Grapefruits)*
etwa 300 ml	*Wodka (40 Vol.-%)*
150 ml	*Aperol*

1. Zucker mit Wasser in einem Topf erhitzen, bis sich der Zucker gelöst hat. Grapefruits heiß abwaschen, abtrocknen und anschließend jeweils quer in 6 Scheiben schneiden.

2. Gründlich gereinigte, gespülte Gläser im Backofen bei niedriger Temperatur erwärmen.

3. Die Grapefruitscheiben in die Zuckerlösung geben, zum Kochen bringen und 15–20 Minuten bei schwacher Hitze kochen lassen. Die Grapefruitscheiben mit einer Schaumkelle aus der Zuckerlösung nehmen und in die vorgewärmten Gläser geben.

4. Die Grapefruitscheiben jeweils mit etwas von dem Wodka und Aperol übergießen und mit der verbliebenen Zuckerlösung auffüllen. Die Gläser sofort fest verschließen.

5. Die Gläser kurz umdrehen, damit sich die Flüssigkeiten verbinden. Die Grapefruit in Wodka und Aperol etwa 4 Wochen an einem kühlen und dunklen Ort (am besten im Keller) durchziehen lassen.

Tipps: Der Likör schmeckt zu griechischem Joghurt, Grießpudding oder Desserts mit weihnachtlichen Gewürzen. Nach Belieben können Sie Aperol durch Grand Manier oder Cointreau ersetzen, dann schmeckt der Likör nicht so bitter.

Haltbarkeit: gekühlt etwa 6 Monate.

Grasshopper

3 cl Pfefferminzlikör
3 cl Crème de Cacao Weiß
3 cl Schlagsahne, flüssig
einige Eiswürfel

1 Minzezweig

1. Likör, Crème de Cacao, Sahne und einige Eiswürfel in einen Shaker geben und kräftig schütteln.

2. Den Drink durch ein Barsieb in eine gut gekühlte Cocktailschale abseihen.

3. Grasshopper mit einem abgespülten und trockengetupften Minzezweig garnieren und sofort servieren.

Green Daiquiri

3 cl Pisang Ambon (exotischer Frucht-Kräuterlikör)
3 cl weißer Rum
1 cl Limettensaft
2 cl Zuckersirup
einige Eiswürfel
etwas zerstoßenes Eis
1 Bio-Limettenscheibe

1. Pisang Ambon, Rum, Limettensaft, Zuckersirup und einige Eiswürfel in einen Shaker geben und kräftig schütteln.

2. Den Drink anschließend durch ein Barsieb in ein zur Hälfte mit zerstoßenem Eis gefülltes Cocktailglas abseihen.

3. Den Glasrand mit einer Limettenscheibe garnieren und den Drink servieren.

Green Devil I

3 cl Gin
3 cl Crème de Menthe Grün
1 cl Lime Juice
einige Eiswürfel

evtl. 1 vorbereiteter Minzezweig

1. Gin, Crème de Menthe, Lime Juice und einige Eiswürfel in einen Shaker geben und kräftig schütteln.

2. Den Drink mit dem Eis in ein Whiskyglas geben. Nach Belieben Minzezweig hinzufügen.

Tipp: Lime Juice ist ein Limettensaftsirup-Konzentrat mit Wasser versetzt.

Green Door I

2 cl brauner Rum
2 cl Bananenlikör
2 cl Blue Curaçao
6 cl Ananassaft
5 cl Maracujasaft
4 cl Grapefruitsaft
einige Eiswürfel

1. Den Rum mit Likör, Curaçao, Ananas-, Maracuja-, Grapefruitsaft und einigen Eiswürfeln in einen Shaker geben und kräftig schütteln.

2. Den Cocktail durch ein Barsieb in ein zur Hälfte mit Eiswürfeln gefülltes Longdrinkglas abseihen.

Tipp: Den Drink mit einer Bananenscheibe und einer Cocktailkirsche garnieren, mit 2 Trinkhalmen servieren.

Green Garuda

etwas Zitronensaft
etwas gelber Zucker

2 cl Pisang Ambon (exotischer Frucht-Kräuterlikör)
4 cl weißer Rum
etwas zerstoßenes Eis
Zitronenlimonade
2 Trinkhalme

1. Den Rand eines Cocktailglases zuerst in Zitronensaft, dann in Zucker tauchen.

2. Pisang Ambon, Rum und etwas zerstoßenes Eis in einem Rührglas gut verrühren.

3. Den Drink durch ein Barsieb in das vorbereitete Cocktailglas abseihen und mit gekühlter Limonade auffüllen.

4. Green Garuda mit 2 Trinkhalmen servieren.

Green Ghost

(ohne Foto)

4 cl Grüne-Banane-Likör
6 cl Orangensaft
einige Eiswürfel
10 cl kalter Sekt

1 Fruchtspieß

1. Likör und Orangensaft in ein zur Hälfte mit Eiswürfeln gefülltes Longdrinkglas geben.

2. Sekt hinzugießen und den Drink umrühren.

3. Mit einem Fruchtspieß garnieren und servieren.

Green Leaves

etwas Zitronensaft
etwas grüner Zucker

einige Eiswürfel
2 cl Pfefferminzsirup
2 cl Gin
Tonic Water

1 Bio-Limettenscheibe
1 Minzezweig
1 Bowlespieß

1. Den Rand eines Longdrinkglases zuerst in Zitronensaft, dann in Zucker tauchen. Das Glas zur Hälfte mit Eiswürfeln füllen.

2. Sirup und Gin darübergießen und mit Tonic Water auffüllen.

3. Eine Limettenscheibe mit einem abgespülten und trocken getupften Minezweig auf einen Bowlespieß stecken und in das Glas stellen.

Tipp: Für eine alkoholfreie Variante geben Sie statt des Gins etwas mehr Tonic Water ins Glas.

Green Poison

4 cl Kokoslikör
2 cl Wodka
2 cl Blue Curaçao
2 cl Zitronensaft
10 cl Maracujanektar
einige Eiswürfel

1 Bio-Zitronenscheibe
1 Holzspieß
2 Trinkhalme

1. Likör, Wodka, Curaçao, Zitronensaft, Maracujanektar und einige Eiswürfel in einen Shaker geben und kräfig schütteln.

2. Den Drink durch ein Barsieb in ein zur Hälfte mit Eiswürfeln gefülltes Longdrinkglas oder Fancyglas abseihen.

3. Eine Zitronenscheibe auf einen Holzspieß stecken und über den Glasrand legen.

4. Green Poison mit 2 Trinkhalmen servieren.

Green Summer

(ohne Foto)

4 cl Irish Whisky
2 cl Blue Curaçao
1 Spritzer Angostura Bitter
2 TL Zitronensaft
etwas zerstoßenes Eis

1 Bio-Zitronenscheibe
1 Cocktailkirsche

1. Whisky, Curaçao, Angostura und Zitronensaft in einen Shaker geben und kräftig schütteln.

2. Den Drink in ein mit zerstoßenem Eis gefülltes Cocktailglas gießen und mit einer Zitronenscheibe und einer Cocktailkirsche garnieren.

Grüner Flip (Smaragdmix) I

4 Portionen

Alkoholfrei

2 Kiwis
3 EL Waldmeister-Sirup
Saft von
1 Limette
2 EL Puderzucker
Tonic Water

1. Von einer Kiwi 4 gleich große Scheiben abschneiden und zum Garnieren beiseitelegen. Restliche Kiwis schälen und mit einem Stabmixer pürieren.

2. Sirup, Limettensaft und Puderzucker hinzugeben und unterrühren.

3. Das Getränk in 4 Gläser verteilen und mit Tonic Water auffüllen. Die Glasränder mit den beiseitegelegten Kiwischeiben garnieren.

Gute-Nacht-Punsch

4 Portionen

4	*Eier*
4 TL	*Zucker*
4 TL	*Zitronensaft*
1 l	*helles Bier*
1 Stück	*Bio-Zitronenschale (unbehandelt, ungewachst)*
evtl. etwas	*gemahlener Zimt*

1. Die Eier trennen. Das Eiweiß mit Zucker in einem Rührbecher steif schlagen. Nach und nach Eigelb und Zitronensaft unterrühren. Die Eiercreme in 4 große Gläser verteilen.

2. Bier mit der Zitronenschale erhitzen (nicht kochen). Zitronenschale entfernen.

3. Das heiße Bier gleichmäßig in den Gläsern verteilen. Nach Belieben etwas Zimt darüberstreuen. Sofort servieren.

Hinweis: Für den Gute-Nacht-Punsch nur ganz frische Eier verwenden, die nicht älter als 5 Tage sind (Legedatum beachten).

Happy Bee

Alkoholfrei

50 g Himbeeren
7 cl Orangen-Buttermilch
10 cl Maracujanektar

1. Himbeeren verlesen, evtl. abspülen und trocken tupfen. Himbeeren mit der gekühlten Orangen-Buttermilch pürieren.

2. Gekühlten Maracujanektar hinzugeben und kurz verrühren. Das Getränk in eine Cocktailschale füllen. Oder das Getränk nach Belieben durch ein Sieb in eine Cocktailschale streichen.

Tipps: Der Drink schmeckt auch mit Zitronen-Buttermilch. Garnieren Sie den Drink nach Belieben mit einem Bio-Orangenstück.

Happy France

(ohne Foto)

2 cl Cognac
2 cl Curaçao
1 cl Zitronensaft
½ Eiweiß
einige Eiswürfel

1. Cognac, Curaçao, Zitronensaft, Eiweiß und einige Eiswürfel in einen Shaker geben und schütteln.

2. Den Drink durch ein Barsieb in ein Cocktailglas abseihen und servieren.

Hinweis: Für den Drink nur ganz frisches Eiweiß verwenden, das nicht älter als 5 Tage ist (Legedatum beachten).

Happy Farmer

Alkoholfrei

4 Portionen (ohne Foto)

100 g vorbereitete Selleriewürfel
300 g vorbereitete Kohlrabiwürfel
200 g geschälte Gurkenwürfel
1 TL Dillessig
Cayennepfeffer
Salz

einige Dillzweige
1 EL vorbereitete, fein gewürfelte Möhren

1. Gewürfeltes Gemüse in den Entsafter geben und entsaften.

2. Saft mit den übrigen Zutaten abschmecken und in 4 Gläser füllen. Die Gläser mit Dillzweigen und Möhrenwürfeln garnieren und servieren.

Happy Island

Alkoholfrei

2 Portionen (ohne Foto)

einige Eiswürfel
250 ml (¼ l) Grapefruitsaft
250 ml (¼ l) Kiwi-Zitrussaft
1 Eigelb
1 Msp. Zitronenpfeffer
einige Zitronenmelisseblättchen

1. Einige Eiswürfel zerstoßen. Fruchtsäfte, zerstoßenes Eis und Eigelb in ein hohes Becherglas geben und mit einem Barlöffel gut verrühren.

2. Den Drink in Longdrinkgläser füllen und mit abgespülten und trocken getupften Zitronenmelisseblättchen garniert servieren.

Hinweis: Nur ganz frisches Eigelb verwenden, das nicht älter als 5 Tage ist (Legedatum beachten).

Hausbar-Clou I

2 cl Weinbrand
2 cl Curaçao Triple sec
1 Spritzer Angostura Bitter
Sekt
1/2 Bio-Orangenscheibe

1. Weinbrand mit Curaçao und Angostura in einem Sektglas gut verrühren.

2. Das Glas mit gut gekühltem Sekt auffüllen.

3. Den Glasrand mit einer Orangenscheibe garnieren und den Drink servieren.

Heidelbeerlikör I

etwa 1,25 l

200–300 g Heidelbeeren
175 g brauner Kandiszucker
1 zerkleinerte Zimtstange
3 Gewürznelken
700 ml Weizenkorn (38 Vol.-%)

1. Die Heidelbeeren verlesen, vorsichtig abspülen und gut abtropfen lassen.

2. Die Heidelbeeren zu gleichen Teilen mit Kandis, Zimt und Nelken in 2 gründlich gereinigte, gespülte, gut abgetropfte Flaschen geben und mit dem Weizenkorn auffüllen.

3. Die Flaschen verschließen, vorsichtig schütteln und kalt stellen. Den Heidelbeerlikör etwa 6 Wochen durchziehen lassen. Bis sich der Kandis aufgelöst hat, die Flaschen gelegentlich vorsichtig schütteln.

4. Den Likör nach Belieben durch ein feines Sieb gießen, wieder in die gut gesäuberten großen Flaschen oder in kleine Flaschen umfüllen, fest verschließen und kalt stellen.

Haltbarkeit: gekühlt etwa 2 Monate.

Heidelbeerlimonade

6–8 Portionen

Alkoholfrei

8 EL	*Heidelbeeren*
etwas	*Limettensaft*
1 l	*Ginger Ale*
1 l	*Bitter Lemon*
einige	*Eiswürfel*
evtl. je 1	*Bio-Limette und -Zitrone (unbehandelt, ungewachst)*
einige	*Holzspieße*
einige	*Trinkhalme*

1. Die Heidelbeeren verlesen, abspülen und abtropfen lassen. Die Hälfte der Heidelbeeren mit etwas Limettensaft pürieren. Die restliche Heidelbeeren beiseitelegen.

2. Das Heidelbeerpüree durch ein Sieb streichen und in einen Glaskrug geben. Gekühltes Ginger Ale und gekühltes Bitter Lemon hinzugeben und unterrühren.

3. Je 3–4 Eiswürfel in ein Longdrinkglas geben und mit der Heidelbeerlimonade auffüllen. Die beiseitegelegten Beeren in den Gläsern verteilen.

4. Nach Belieben Zitrone und Limette heiß abwaschen, abtrocknen und in dünne Scheiben schneiden. Je 1 Zitronen- und halbierte Limettenscheibe auf einen Holzspieß stecken und in die Gläser geben. Die Heidelbeerlimonade mit Trinkhalmen servieren.

Heiße Schokolade I

2 Portionen

Alkoholfrei

75 g	*Edelbitter-Schokolade (mind. 50 % Kakaoanteil)*
1 Pck.	*Dr. Oetker Vanillin-Zucker*
2–3 EL	*Zucker*
1 TL	*Speisestärke*
1 TL	*Kakaopulver*
400 ml	*Milch*
100 g	*Schlagsahne*

1. Schokolade auf einer feinen Küchenreibe reiben. Vanillin-Zucker, Zucker, Speisestärke und Kakao in einen großen Becher geben und gut vermischen.

2. Vier Esslöffel der Milch unterrühren, sodass ein leicht flüssiger Brei entsteht. Schokolade unterrühren.

3. Restliche Milch und Sahne in einem Topf erhitzen (nicht kochen). Den Topf von der Kochstelle nehmen. Die Schokoladen-Zucker-Mischung unter ständigem Rühren mit dem Schneebesen unterrühren.

4. Die Schokolade nochmals erhitzen (nicht kochen) und in 2 Becher füllen. Sofort servieren.

Hemingway

4 cl weißer Rum
2 cl Zitronensaft
1 cl Zuckersirup
einige Eiswürfel
trockener Sekt oder Champagner

evtl. 1 Bio-Zitronenschalenspirale

1. Rum mit Zitronensaft, Zuckersirup und einigen Eiswürfeln in einen Shaker geben und kräftig schütteln.

2. Den Drink durch ein Barsieb in einen Sektkelch abseihen. Den Kelch mit gut gekühltem Sekt oder Champagner auffüllen.

3. Den Drink nach Belieben mit einer Zitronenschalenspirale garnieren und sofort servieren.

Hexentrunk „Abrakadabra" I

8 Portionen

Alkoholfrei

2	*Honigmelonen (etwa 1 1/2 kg)*
	Saft von
1	*Zitrone*
1 Pck.	*Dr. Oetker Vanillin-Zucker*
2 geh. EL	*Zucker*
1 l	*klarer Apfelsaft*
750 ml (3/4 l)	*Orangensaft*
1	*Bio-Orange (unbehandelt, ungewachst)*
1	*Bio-Zitrone (unbehandelt, ungewachst)*
750 ml (3/4 l)	*Mineralwasser mit Kohlensäure*

1. Melonen in der Mitte längs durchschneiden, vierteln und die Kerne mit einem Löffel herausschaben. Die Schale dick abschälen.

2. Aus dem Melonenfruchtfleisch mit einem Buntschneidemesser kleine Würfel, Stäbchen oder Figuren schneiden und mit einem Kugelausstecher kleine Kugeln ausstechen. Die Früchte in ein Bowlengefäß oder einen großen Glaskrug geben.

3. Den Zitronensaft über die Melonenstücke gießen, Vanillin-Zucker und Zucker darüberstreuen. Apfel- und Orangensaft hinzugießen.

4. Orange und Zitrone heiß abwaschen, abtrocknen, in gleich große Scheiben schneiden und in die Bowle geben. Das Gefäß (Glaskrug) zugedeckt etwa 6 Stunden in den Kühlschrank stellen.

5. Kurz vor dem Servieren die Orangen- und Zitronenscheiben entfernen. Gut gekühltes Mineralwasser in die Bowle gießen und vorsichtig mit einer Schöpfkelle umrühren.

Tipp: Den Tisch mit aus schwarzer Pappe ausgeschnittenen Katzen und kleinen Hexenbesen dekorieren. Die Katzen eignen sich auch wunderbar als Namenskärtchen.

Himbeer-Aprikosen-Likör

etwa 2 l

300 ml Wasser
700 g Zucker
1,1 l Doppelkorn (38 Vol.-%)
600 g Himbeeren
600 g Aprikosen (vorbereitet gewogen)

1. Wasser in einem Topf zum Kochen bringen. Zucker hinzufügen und so lange rühren, bis sich der Zucker aufgelöst hat. Anschließend bei mittlerer Hitze etwa 10 Minuten sirupartig einkochen lassen. Den Topf von der Kochstelle nehmen. 100 ml des Doppelkorns mit dem Zuckersirup verrühren und erkalten lassen.

2. In der Zwischenzeit Himbeeren verlesen, evtl. kurz abspülen und gut abtropfen lassen oder trocken tupfen. Aprikosen abspülen und trocken tupfen. Aprikosen halbieren, entsteinen und in kleine Stücke schneiden. Himbeeren und Aprikosen in einer flachen Schüssel mit einer Gabel oder einem Kartoffelstampfer zerdrücken, einige Minuten zum Saftziehen beiseitestellen.

3. Die vorbereiteten Früchte mit Saft, Zuckersirup und dem restlichen Doppelkorn in ein großes, gründlich gereinigtes, gespültes Glas füllen. Das Glas gut verschließen.

4. Die Fruchtmischung an einem dunklen, kühlen Ort (am besten im Keller) etwa 6 Wochen durchziehen lassen. Das Glas ab und zu kurz schütteln.

5. Anschließend die Mischung durch ein feines Sieb gießen, den Likör auffangen und in gründlich gereinigte, gespülte Flaschen füllen. Die Flaschen gut verschließen.

6. Den Himbeer-Aprikosen-Likör im Kühlschrank aufbewahren.

Tipp: Anstelle von Himbeeren und Aprikosen schmecken auch Erdbeeren und Limetten. Von den Limetten (Bio-Limetten, unbehandelt, ungewachst) die abgeriebene grüne Schale und den Saft verwenden.

Haltbarkeit: gekühlt etwa 6 Monate.

Himbeeren in Weinbrand

500 g Himbeeren
250 ml (1/4 l) Wasser
500 g Zucker
700 ml Weinbrand (40 Vol.-%)

1. Himbeeren verlesen, evtl. entstielen, kurz abspülen, trocken tupfen und in ein gründlich gereinigtes, gespültes und getrocknetes großes Glas (1 1/2 l) geben.

2. Das Wasser mit Zucker verrühren und zum Kochen bringen. Zuckerlösung gut abkühlen lassen.

3. Zuerst die Zuckerlösung, dann den Weinbrand über die Himbeeren gießen.

4. Die Flüssigkeit vollständig erkalten lassen. Das Glas gut verschließen. Die Himbeeren 4–6 Wochen durchziehen lassen.

Tipp: Nach Belieben 1/2 Vanilleschote aufschneiden und das Mark herausschaben. Vanillemark und -schote in das Wasser geben und mit dem Zucker aufkochen.

Haltbarkeit: etwa 2 Monate.

Himbeerlikör

etwa 1 l

500 g Himbeeren
1 Limette
1 Vanilleschote
700 ml Doppelkorn (38 Vol.-%)
100 ml Weingeist/Ethanol (hochprozentiger Alkohol aus der Apotheke, 90 Vol.-%)
200 g Zucker

1. Himbeeren verlesen, vorsichtig unter fließendem kalten Wasser abspülen und gut abtropfen lassen. Limette so schälen, dass die weiße Haut mitentfernt wird. Limette in Scheiben schneiden.

2. Himbeeren und Limettenscheiben in ein gründlich gereinigtes, gespültes Glas (1 ½ l) geben. Die Vanilleschote längs aufschneiden und das Mark herauskratzen. Vanilleschote und -mark mit in das Glas legen.

3. Doppelkorn mit Weingeist verrühren, den Zucker darin unter Rühren auflösen. Die Himbeeren und die Limettenscheiben mit der Alkoholmischung übergießen. Das Glas mit einem Deckel fest verschließen und kalt gestellt etwa 4 Wochen durchziehen lassen.

4. Nach der Durchziehzeit den Likör in 2 gründlich gereinigte, gespülte Flaschen abfiltern. Die Flaschen gut verschließen.

Tipp: Die alkoholisierten Beeren schmecken sehr gut zu Vanilleeis und Pudding.

Haltbarkeit: gekühlt 4–6 Monate.

Himbeertee

Alkoholfrei

2 Portionen

500 ml (1/2 l)	*Malventee*
200 g	*frische oder TK-Himbeeren*
1 Prise	*gemahlene Nelken*
einige	*Minze- und Zitronenmelisseblättchen*

1. Malventee nach Packungsanleitung zubereiten und abkühlen lassen. Die frischen Himbeeren verlesen. TK-Himbeeren nach Packungsanleitung auftauen lassen.

2. Himbeeren in den Malventee geben. Mit gemahlenen Nelken abschmecken.

3. Die Minze- und Melisseblättchen abspülen, trocken tupfen und in den Himbeertee geben. Sofort servieren.

Hollywood Fizz

2 cl	*Kirschwasser*
2 cl	*Kirschsirup*
2 cl	*Zitronensaft*
1 TL	*Puderzucker*
einige	*Eiswürfel*
	Sodawasser

1. Kirschwasser mit Kirschsirup, Zitronensaft, Puderzucker und einigen Eiswürfeln in einen Shaker geben und kräftig schütteln.

2. Den Drink durch ein Barsieb in ein Longdrinkglas abseihen.

3. Mit gekühltem Sodawasser auffüllen und leicht umrühren.

Holunderlikör mit Gin I

etwa 3 l

etwa 1,2 kg Holunderbeeren
800 g Zucker
2 l Gin (43 Vol.-%)

1. Holunder gründlich abspülen, abtropfen lassen und entstielen. Holunderbeeren mit dem Zucker vermischen und 2–3 Stunden zum Saftziehen stehen lassen.

2. Holunderbeeren mit dem Saft in ein großes, gründlich gereinigtes, gespültes Glas geben, mit Gin auffüllen. Das Glas gut verschließen. Die Holunderbeeren etwa 6 Wochen bei Zimmertemperatur durchziehen lassen. Das Glas ab und zu in die Sonne stellen.

3. Den Ansatz durch ein feines Sieb gießen und in 3 gründlich gereinigte, gespülte Flaschen füllen. Die Flaschen fest verschließen. Den Holunderlikör im Kühlschrank aufbewahren.

Hinweis: Die Beeren können ganz verwendet werden, da sich Sambunigrin nur in den Samen befindet, es geht also nicht in den Alkohol über. Trotzdem sollte die Verträglichkeit getestet werden.

Tipps: Die Holunderbeeren schmecken nach dem Abfüllen des Likörs hervorragend zu warmen Waffeln mit Eis und Sahne. Verwenden Sie nur Holunder, der nach dem ersten Frost geerntet wurde. Erst dann entfalten die Beeren ihr volles Aroma.

Haltbarkeit: gekühlt 6–12 Monate.

Honeymoon Cocktail

2 cl Bénédictine DOM
3 cl Calvados
1 cl Zitronensaft
1 cl Curaçao Orange
einige Eiswürfel

1. Bénédictine DOM, Calvados, Zitronensaft, Curaçao und einige Eiswürfel in einen Shaker geben und kräftig schütteln.

2. Den Cocktail durch ein Barsieb in ein Cocktailglas abseihen.

Tipp: Den Cocktail nach Belieben mit einer Bio-Orangen- oder Apfelschale garnieren.

Honig-Erdbeer-Milch

Alkoholfrei

75 g	*Erdbeeren*
75 g	*Joghurt*
10 cl	*Milch*
	Saft von
1/2	*Zitrone*
1 TL	*flüssiger Honig*
1 Kugel	*Vanille- oder Fruchteis*

1. Erdbeeren putzen, waschen, trocken tupfen, entstielen und in Stücke schneiden. Erdbeerstücke mit Joghurt und Milch in einen Elektromixer geben und pürieren.

2. Zitronensaft und Honig hinzugeben, nochmals kräftig durchmixen. Den Drink in ein hohes Glas geben, mit einer Vanille- oder Fruchteiskugel anrichten und servieren.

Honiglikör mit Vanille

etwa 1,4 l

1 Vanilleschote
500 g flüssiger Akazienhonig oder Lindenblütenhonig
200 ml Wasser
700 ml Weinbrand (40 Vol.-%)

1. Vanilleschote längs halbieren und das Mark herausschaben. Vanilleschote beiseitelegen. Vanillemark mit Honig und Wasser in einem Topf verrühren und bei schwacher Hitze erwärmen. Die Masse darf nicht kochen. Den Topf von der Kochstelle nehmen. Weinbrand unterrühren.

2. Den Likör in gründlich gereinigte, gespülte Flaschen füllen. Beiseitegelegte Vanilleschote in Stücke schneiden und anschließend zum Likör in die Flaschen geben.

3. Flaschen verschließen. Den Likör etwa 2 Monate an einem dunklen, kühlen Ort (am besten im Keller) durchziehen lassen.

Haltbarkeit: gekühlt etwa 6 Monate.

Hoppel-Poppel

1	*Eigelb*
1 EL	*Puderzucker*
1 Spritzer	*Zitronensaft*
4 cl	*Arrak*
einige	*Eiswürfel*
125 ml (1/8 l)	*kalte Milch*
etwas	*abgeriebene Bio-Zitronenschale oder 1 Bio-Zitronenscheibe*
1	*Trinkhalm*

1. Eigelb mit Puderzucker, Zitronensaft, Arrak und einigen Eiswürfeln in einen Shaker geben, kräftig schütteln.

2. Den Drink durch ein Barsieb in ein Longdrinkglas abseihen, Milch hinzugießen.

3. Den Drink kurz umrühren, mit etwas Zitronenschale bestreuen oder eine Zitronenscheibe an den Glasrand stecken. Mit einem Trinkhalm servieren.

Hinweis: Nur ein ganz frisches Eigelb verwenden, das nicht älter als 5 Tage ist (Legedatum beachten).

Tipp: Den Milchdrink können Sie auch heiß genießen. Dazu die geschüttelten Zutaten statt mit kalter mit heißer Milch auffüllen und gut verrühren. Mit etwas geriebener Muskatnuss bestreuen.

Ingwerlimonade I

Alkoholfrei

4 Portionen

25 g Ingwerwurzel
1 l Mineralwasser ohne Kohlensäure
100–150 g Zucker
1 Prise Salz
50 ml Zitronensaft

1. Ingwerwurzel schälen und in Scheiben schneiden. Ingwerscheiben mit Wasser, Zucker und Salz in einem Topf zum Kochen bringen. Den Topf von der Kochstelle nehmen. Ingwer-Zucker-Wasser abkühlen lassen.

2. Das Ingwer-Zucker-Wasser nach Belieben durch ein Sieb in einen Glaskrug geben, mit Frischhaltefolie zugedeckt etwa 2 Stunden in den Kühlschrank stellen.

3. Zitronensaft unterrühren und in Gläsern verteilen.

Tipp: Servieren Sie die Limonade nach Belieben in Gläsern mit viel Eiswürfeln, Trinkhalmen und den Ingwerscheiben.

Ipanema

Alkoholfrei

1	*Bio-Limette (unbehandelt, ungewachst)*
2 cl	*Lime Juice*
2 TL	*brauner Zucker (Rohrzucker)*
etwas	*Crushed Ice oder grob zerstoßenes Eis*
	Ginger Ale
einige	*frische Minzeblättchen*
evtl. 1	*Trinkhalm*

1. Die Limette heiß abwaschen, abtrocknen und in Achtel schneiden. Limettenachtel in ein Glas geben, Lime Juice hinzugeben. Limettenstücke mit einem Stößel zerdrücken und den braunen Zucker daraufstreuen.

2. Eis hinzugeben. Das Glas mit gekühltem Ginger Ale auffüllen und umrühren.

3. Den Drink mit abgespülten und trocken getupften Minzeblättchen garnieren. Nach Belieben mit einem Trinkhalm servieren.

Irish Coffee

4 Portionen (im Foto links)

200 g	*Schlagsahne*
500 ml (1/2 l)	*starker Kaffee*
2 EL	*brauner Zucker*
150 ml	*irischer Whiskey*

1. Sahne halb steif schlagen und in den Kühlschrank stellen.

2. Kaffee frisch aufbrühen, mit Zucker in 4 Irish-Coffee-Gläser füllen. Whiskey in den Gläsern verteilen und je eine Sahnehaube daraufsetzen. Sofort servieren.

Irish Hot

(im Foto rechts)

150 ml	*Wasser*
2 cl	*irischer Whiskey*
2 Stück	*Kandiszucker*

1. Wasser zum Kochen bringen.

2. Whiskey mit Kandiszucker in ein Grogglas geben. Mit kochendem Wasser auffüllen und den Irish Hot sofort servieren.

Tipp: Nach Belieben etwas Bio-Zitronenschale hinzugeben.

Island Drink

Alkoholfrei

4 Portionen

300 g Ananasfruchtfleisch
1 TL eingelegter, grüner Pfeffer
2 EL Crème fraîche
250 ml (1/4 l) Orangensaft
250 ml (1/4 l) Bitter Orange

1. Das Ananasfruchtfleisch in Stücke schneiden, mit grünem Pfeffer in einen Elektromixer geben und pürieren.

2. Crème fraîche, gekühlten Orangensaft und gekühlte Bitter Orange hinzufügen, kurz verrühren.

3. Den Drink in eine Karaffe füllen und gut gekühlt servieren.

Jägermeister-Energy I

(im Foto links)

3 cl	*Jägermeister*
2 cl	*Zitronensaft*
einige	*Eiswürfel*
½ Dose	
oder Flasche	*Energy Drink*
evtl. 1	*Bio-Zitronenscheibe*

1. Jägermeister und Zitronensaft in ein zur Hälfte mit Eiswürfeln gefülltes Longdrinkglas geben und gut verrühren. Den Energy Drink hinzugießen.

2. Den Drink nach Belieben mit einer Zitronenscheibe garnieren.

Tipp: Nach Belieben können Sie den Zitronensaft weglassen.

Jägermeister-O I

(im Foto rechts)

4 cl	*Jägermeister*
12 cl	*Orangensaft*
einige	*Eiswürfel*
1	*Bio-Orangenscheibe*
1	*Holzstäbchen*

1. Jägermeister und Orangensaft in ein zur Hälfte mit Eiswürfeln gefülltes Longdrinkglas füllen und umrühren.

2. Eine Orangenscheibe auf ein Holzstäbchen stecken und über den Glasrand legen.

Tipp: Verfeinern Sie Ihren Drink nach Belieben mit 1–2 cl Grenadinesirup, dann nur 10–11 cl Orangensaft verwenden.

Jasmintea Wodka

5 cl Wasser
2 TL loser Jasmintee
5 cl Wodka
einige Eiswürfel

1 Olive

1. Das Wasser zum Kochen bringen. Den Tee damit übergießen und 5–6 Minuten ziehen lassen. Den Tee durch ein Sieb in einen Topf gießen und etwa um die Hälfte einkochen. Den Tee abkühlen lassen.

2. Vom dem Tee 2 cl abmessen. Wodka und den Tee in ein mit Eiswürfeln gefülltes Rührglas geben und schnell kalt rühren.

3. Den Drink durch ein Barsieb in ein Cocktailglas abseihen. Die Olive hinzugeben und den Cocktail servieren.

Tipps: Statt der Olive können Sie ein Stück Bio-Zitronenschale verwenden. Jasmintee ist ein durch Vermischung mit Jasminblüten aromatisierter Grüntee. Jasminblüten sind duftende Blüten, die dem Jasmintee seinen charakteristischen Duft und Geschmack geben.

Joghurt-Shake

Alkoholfrei

2 Portionen

350 g	fettarmer Joghurt
4 Kugeln	Schokoladeneis
1 TL	Instant-Kaffeepulver
4 EL	Schlagsahne, flüssig
etwas	Zucker
etwas	geschabte Schokolade

1. Joghurt, Eis, Kaffeepulver und die Sahne in einem großen Becher verschlagen. Mit Zucker abschmecken.

2. Den Shake in 2 Bechergläser füllen und mit geschabter Schokolade bestreut sofort servieren.

Tipp: Mit Vollmilch-Joghurt wird der Shake noch cremiger, ersetzt dann aber eine Mahlzeit.

Johannisbeer-Shake

Alkoholfrei

4 Portionen

250 g	rote Johannisbeeren (vorbereitet gewogen)
50 g	gesiebter Puderzucker
100 ml	Vanilleeis
375 ml (3/8 l)	Milch
4	rote Johannisbeerrispen

1. Johannisbeeren waschen, abtropfen lassen und entstielen. Die Johannisbeeren, Puderzucker, Eis und Milch in einem Elektromixer pürieren.

2. Den Shake in 4 mittelgroße Bechergläser füllen.

3. Johannisbeerrispen abspülen und trocken tupfen. Die Glasränder mit den Johannisbeerrispen garnieren.

Kaffee Amsterdam

2 Portionen

250 ml (1/4 l)	*frischer Kaffee*
6 EL	*Eierlikör*
2 EL	*geschlagene Sahne*
etwas	*Kakaopulver*
etwas	*gemahlener Kaffee*

1. Den heißen Kaffee in 2 Tassen gießen. Jeweils 3 Esslöffel Eierlikör unterrühren.

2. Je einen Esslöffel steif geschlagene Sahne auf den Kaffee-Eierlikör setzen.

3. Kaffee Amsterdam mit Kakao bestäuben und mit Kaffeepulver bestreuen, sofort servieren.

Kaffeelikör

etwa 1 l

250 ml (1/4 l)	*Wasser*
375 g	*Zucker*
375 ml (3/8 l)	*sehr starker Kaffee*
1 Pck.	*Dr. Oetker Vanillin-Zucker*
250 ml (1/4 l)	*Weingeist/Ethanol (hochprozentiger Alkohol aus der Apotheke, 90 Vol.-%)*

1. Wasser mit Zucker in einem Topf zum Kochen bringen und sirupartig einkochen lassen. Zuckerwasser mit Kaffee und Vanillin-Zucker verrühren und erkalten lassen. Weingeist unterrühren.

2. Den Kaffeelikör in eine gründlich gereinigte, gespülte Flasche füllen und verschließen. Kaffeelikör sofort genießen oder kalt gestellt aufbewahren.

Haltbarkeit: gekühlt etwa 6 Wochen.

Kalte Ente

6 Portionen

1	*Bio-Zitrone (unbehandelt, ungewachst)*
50 g	*Zucker*
700 ml	*trockener Weißwein*
700 ml	*Sekt*

1. Die Zitrone heiß abwaschen, abtrocknen, die Schale in einer langen dünnen Spirale mit einem scharfen Messer abschälen und in ein Bowlengefäß legen.

2. Zitrone halbieren und den Saft auspressen. Zitronensaft mit dem Zucker zur Zitronenschale geben.

3. Den gut gekühlten Wein hinzugießen und kurz umrühren, damit sich der Zucker etwas löst.

4. Die Bowle ½–1 Stunde kalt stellen.

5. Vor dem Servieren die Zitronenschale entfernen und den gut gekühlten Sekt hinzugießen.

Tipps: Nach Belieben die Bowle mit einigen Eiswürfeln servieren. Sie können die Bowle mit 500 ml (½ l) gekühltem Mineralwasser „verdünnen", so ist sie für warme Sommerabende besonders erfrischend.

Variante: Rote kalte Ente.
Ersetzen Sie den Weißwein durch Rotwein.

Karibikbowle

Alkoholfrei

4 Portionen

565 g	*Guaven (aus der Dose)*
3	*Kumquats*
1 EL	*flüssiger Wildhonig*
	Saft von
1	*Zitrone*
500 ml (1/2 l)	*Kräuterlimonade*
einige	*Zitronenmelisseblättchen*

1. Die Guaven in einem Sieb abtropfen lassen und in dünne Scheiben schneiden.

2. Die Kumquats waschen, trocken tupfen, halbieren, entkernen und in dünne Scheiben schneiden.

3. Guaven- und Kumquatscheiben in ein Bowlengefäß geben. Wildhonig, Zitronensaft und gut gekühlte Limonade hinzugeben und unterrühren.

4. Kurz vor dem Servieren Melisseblättchen abspülen und trocken tupfen. Die Hälfte der Blättchen in Streifen schneiden. Melisseblättchen und -streifen in die Bowle geben.

Kinderpunsch

Alkoholfrei

6 Portionen

2 l Obstsaft
(z. B. Apfel-, Kirsch- oder Orangensaft)
1 EL flüssiger Honig
1/2 TL gemahlener Zimt
1 Msp. gemahlene Nelken
2 EL Zitronensaft

einige Trinkhalme

1. Den Obstsaft in einem Topf bei mittlerer Hitze zum Kochen bringen und den Topf anschließend von der Kochstelle nehmen.

2. Honig, Zimt, Nelken und Zitronensaft unterrühren. Den Punsch etwa 5 Minuten ziehen lassen.

3. Den Punsch evtl. nochmals mit den Gewürzen abschmecken und danach in 6 Tassen oder Punschgläser füllen.

4. Kinderpunsch mit Trinkhalmen sofort servieren.

Kir I

(ohne Foto)

1 cl Crème de Cassis
150 ml Weißwein

1. Crème de Cassis in ein gekühltes Weinglas füllen.
2. Mit gekühltem Weißwein auffüllen.

Kir Royal I

2 cl Crème de Cassis
etwa 100 ml Champagner oder trockener Sekt

1. Crème de Cassis in einen gut gekühlten Sektkelch oder in eine Sektflöte geben und mit eiskaltem Champagner oder Sekt auffüllen, sofort servieren.

Kirsch-Creme-Likör

etwa 1,4 l

350 ml Kirschsirup
750 g Kirschjoghurt (3,5 % Fett)
120 g Zucker
1 Pck. Dr. Oetker Vanillin-Zucker
4 cl Kirschwasser (42 Vol.-%)
350 ml Doppelkorn (38 Vol.-%)

1. Sirup mit Joghurt, Zucker und Vanillin-Zucker in einem Elektromixer mixen oder mit Handrührgerät mit Rührbesen auf höchster Stufe etwa 1 Minute durchrühren.

2. Kirschwasser und Doppelkorn hinzugeben, nochmals gut durchmixen oder durchrühren.

3. Kirsch-Creme-Likör in 2 gründlich gereinigte, gespülte Flaschen (0,7 l) füllen, mit je einem Flaschenverschluss fest verschließen und kalt stellen.

Tipp: Bereiten Sie diesen Likör mit 500 g frischen Süßkirschen zu. Waschen, entsteinen und pürieren Sie die Kirschen. Geben Sie wie unter Punkt 1 beschrieben die Kirschen mit in den Mixer und lassen Sie dafür den Zucker weg.

Haltbarkeit: gekühlt etwa 14 Tage.

Kirschmix

6 Portionen

Alkoholfrei

12 schöne Kirschen mit Stiel
125 ml (1/8 l) Apfelsaft
1 l Mineralwasser mit Kohlensäure

1. Die Kirschen vorsichtig waschen, trocken tupfen, in einen Eiswürfelbehälter legen und mit Apfelsaft umgießen. Den Eiswürfelbehälter in einen Gefrierschrank stellen. Kirschmix gefrieren lassen.

2. Jeweils 2 Kirsch-Eiswürfel in ein Stielglas geben und mit gekühltem Mineralwasser auffüllen.

Kokos-Milch-Shake

Alkoholfrei

4 Portionen

1 ½ l kalte Milch
300 ml Cream of Coconut
2 Pck. Dr. Oetker Vanillin-Zucker

etwas Ananas- oder Zitronensaft
100 g Kokosraspel

1 Ananasscheibe (aus der Dose)
4 Holzspieße

1. Die Milch mit Cream of Coconut und Vanillin-Zucker verrühren, bis sich der Vanillin-Zucker gelöst hat.

2. Die Ränder von 4 Gläsern zuerst in Ananassaft oder Zitronensaft, dann in Kokosraspel tauchen.

3. Die Kokosmilch in die vorbereiteten Gläser füllen. Ananasscheibe abtropfen lassen und vierteln. Die Ananasstücke jeweils auf einen Holzspieß stecken und in die Gläser stellen.

Tipp: Nach Belieben können Sie auch einige Kugeln Vanille-Eiscreme mit dem Kokos-Milch-Shake im Elektromixer verschlagen.

Korallenriff I

Alkoholfrei

2 cl	Blue Curaçao Sirup
2 cl	Grapefruitsaft
8 cl	Ananassaft
6 cl	Maracujanektar
einige	Eiswürfel
evtl. 1	Ananasstück
evtl. 1	Cocktailkirsche
evtl. 1	Holzstäbchen
evtl. 1	Trinkhalm

1. Sirup, Grapefruit-, Ananassaft, Maracujanektar und einige Eiswürfel in einen Shaker geben und kräftig schütteln. Den Drink durch ein Barsieb in ein zur Hälfte mit Eiswürfeln gefülltes Longdrinkglas abseihen.

2. Nach Belieben ein Ananasstück und eine Cocktailkirsche auf ein Holzstäbchen stecken. Das Getränk damit garnieren und mit einem Trinkhalm servieren.

Tipps: Blue Curaçao Sirup ist die alkoholfreie Variante des Likörs Blue Curaçao. Nach Belieben können Sie die alkoholfreie Variante durch den Likör ersetzen.

Kräuterlikör

etwa 1 l

125 ml (1/8 l)	*Wasser*
225 g	*Zucker*
1 Stängel	*Rosmarin*
1 Stängel	*Salbei*
1 Stängel	*Basilikum*
1 Stängel	*Thymian*
1 Stängel	*Pfefferminze*
1 Stängel	*Zitronenmelisse*
5	*Lorbeerblätter*
700 ml	*Southern Comfort*

1. Das Wasser mit Zucker in einem Topf zum Kochen bringen und kurz aufkochen lassen. Die Zuckerlösung erkalten lassen.

2. Kräuterstängel vorsichtig abspülen, trocken tupfen und mit den Lorbeerblättern in eine gründlich gereinigte, gespülte Flasche (1 l) geben.

3. Die Zuckerlösung mit Southern Comfort verrühren und in die mit den Kräutern gefüllte Flasche füllen. Die Flasche mit einem Flaschenverschluss fest verschließen und kalt gestellt etwa 2 Wochen durchziehen lassen, dabei die Flasche gelegentlich durchschütteln.

4. Nach der Durchziehzeit den Kräuterlikör nach Belieben in eine gründlich gereinigte, gespülte Flasche abfiltern. Die Flasche fest verschließen.

Tipp: Statt mit Southern Comfort probieren Sie diesen Likör einmal mit Wacholder.

Haltbarkeit: gekühlt etwa 4 Wochen.

Kräuterlikör mit Zitronengras

etwa 1,2 l

3 Stängel	*Salbei*
2 Stängel	*Basilikum*
2 Stängel	*Zitronenverbene oder Zitronenmelisse*
1 Stängel	*Rosmarin*
3 Stängel	*Zitronengras*
1 Stiel	*Kamillenblüten*
1	*Bio-Limette (unbehandelt, ungewachst)*
250 g	*weißer Kandiszucker*
1 l	*Wodka (40 Vol.-%)*

1. Die Kräuter abspülen und trocken tupfen.

2. Limette heiß abwaschen, abtrocknen und die Schale abreiben. Dabei darauf achten, dass nur die grüne Schale und nicht das Weiße abgerieben wird.

3. Kräuter, Limettenschale und Kandis in ein großes, gründlich gereinigtes, gespültes Glas geben und mit Wodka übergießen. Das Glas fest verschließen und kurz schütteln.

4. Den Kräuterlikör etwa 2 Wochen an einem kühlen, dunklen Ort (am besten im Keller) durchziehen lassen.

5. Den Likör durch ein mit einem Geschirrtuch ausgelegtes Sieb gießen. Den aufgefangenen Likör in Flaschen füllen und kalt gestellt aufbewahren.

Tipp: Sie können auch getrocknete Kamillenblüten verwenden.

Haltbarkeit: gekühlt 6–12 Monate.

Krokodil | Alkoholfrei

1 TL loser, grüner Tee
100 ml heißes Wasser

etwas Zitronensaft
etwas Zucker

1 Bio-Limette (unbehandelt, ungewachst)
2 cl Ananassaft
2 cl grüner Pfefferminzsirup
1 cl Zitronensaft

1. Den Tee in einen Becher geben, mit heißem Wasser übergießen und 3–5 Minuten ziehen lassen. Den Tee durch ein Sieb gießen und kalt stellen.

2. Den Rand einer Cocktailschale zuerst in Zitronensaft, dann in Zucker tauchen.

3. Die Limette heiß abwaschen und abtrocknen. Die Schale mit einem Zestenreißer abziehen.

4. Den Tee mit dem Ananassaft, Pfefferminzsirup und Zitronensaft verrühren und in das vorbereitete Glas füllen. Den Glasrand mit der Limettenschale garnieren.

Kullerpfirsich

1 kleiner Pfirsich
trockener oder
halbtrockener Sekt

1. Den Pfirsich waschen, abtrocknen und etwa 20-mal gleichmäßig mit einem Holzstäbchen rundherum einstechen.

2. Den Pfirsich in ein bauchiges Glas (Kullerpfirsichglas oder Fancyglas) legen. Das Glas mit Sekt auffüllen, sodass der Pfirsich vollständig bedeckt ist. Durch die perlende Kohlensäure des Sekts beginnt der Pfirsich zu kullern.

Tipp: Zum Trinken den Pfirsich mithilfe von zwei Gabeln herausnehmen, zerschneiden, essen und den Sekt dazutrinken.

Kümmelschnaps I

etwa 1 l

50 g Kümmelsamen
1 l Branntwein (38 Vol.-%)

1. Kümmelsamen in ein großes, gründlich gereinigtes, gespültes Glas geben und mit Branntwein auffüllen. Das Glas gut verschließen. Den Kümmelschnaps etwa 1 Woche durchziehen lassen.

2. Den Kümmelschnaps durch einen Kaffeefilter gießen und die Flüssigkeit dabei auffangen.

3. Den Kümmelschnaps in gründlich gereinigte, gespülte Flaschen füllen. Die Flaschen anschließend fest verschließen.

Tipps: Statt Kümmelsamen können Sie auch Anis-, Fenchelsamen, Dill oder eine Mischung aus den vier Gewürzsorten verwenden. Der Kümmelschnaps schmeckt sehr gut zu einer mit Griebenschmalz bestrichenen Scheibe Bauernbrot. Oder servieren Sie den Kümmelschnaps eiskalt nach einer üppigen Mahlzeit.

Haltbarkeit: 6–12 Monate.

Kumquats Caipirinha

6	*Kumquats*
1/2	*Bio-Limette (unbehandelt, ungewachst)*
2 TL	*brauner Zucker (Rohrzucker)*
2 cl	*Lime Juice*
etwas	*Crushed Ice*
5 cl	*Cachaça*
2	*Trinkhalme*

1. Kumquats und Limette heiß abwaschen und abtrocknen. Die Kumquats halbieren. Die Limettenhälfte achteln.

2. Die Kumquathälften und Limettenachtel in einen Tumbler (Becherglas) geben. Den braunen Zucker und Lime Juice hinzugeben und mit einem Stößel gut zerdrücken.

3. Das Glas mit Crushed Ice auffüllen, den Cachaça darübergießen und gut verrühren. Anschließend den Drink mit 2 Trinkhalmen servieren.

Kürbis-Kokos-Milch

Alkoholfrei

8 Portionen

600 g Kürbisfleisch, geputzt, ohne faserigen Innenteil
2 l Milch
200 g Zucker
260 g Kokosraspel

1. Kürbisfleisch in etwa 1 cm große Würfel schneiden. Kürbiswürfel in einem Topf mit 1 l Milch, Zucker und 200 g Kokosraspeln zum Kochen bringen. Zugedeckt etwa 12 Minuten kochen lassen.

2. Restliche Kokosraspel in einer Pfanne ohne Fett unter Rühren goldbraun rösten, herausnehmen und auf einem Teller erkalten lassen.

3. Kürbis-Kokos-Milch pürieren und durch ein Sieb geben. Mit restlicher heißer oder kalter Milch auffüllen.

4. Kürbis-Kokos-Milch in Gläsern verteilen und mit gerösteten Kokosraspeln bestreuen.

Tipps: Die Kürbis-Kokos-Milch mit aufgeschäumter Milch auffüllen. Dafür die Milch bis kurz vor dem Kochen erhitzen und mit einem Schneebesen kräftig aufschlagen. Anschließend mit etwas Kokoslikör zur Kürbis-Kokos-Milch geben und mit Kokosraspeln bestreuen.

Kürbis-Mango-Mix

8 Portionen

Alkoholfrei

600 g Kürbisfleisch, geputzt, ohne faserigen Innenteil
100 g brauner Zucker
abgeriebene Schale von
2 Bio-Zitronen (unbehandelt, ungewachst)
6 EL Zitronensaft
2 reife Mangos (je etwa 500 g)
einige Minzezweige

etwa 1 l Mineralwasser

1. Kürbisfleisch in kleine Würfel schneiden. Kürbiswürfel, Zucker, Zitronenschale und -saft in einem Topf zum Kochen bringen. Zugedeckt etwa 15 Minuten dünsten. Kürbismasse erkalten lassen.

2. Mangos halbieren und jeweils den Stein herauslösen. Mangohälften schälen und in kleine Würfel schneiden.

3. Mangowürfel zur Kürbismasse geben und pürieren. Minze abspülen und trocken tupfen. Die Blättchen von den Stängeln zupfen. Blättchen klein schneiden und zum Kürbis-Mango-Püree geben.

4. Kürbis-Mango-Mix nach Belieben mit Mineralwasser auffüllen.

Tipps: Das Püree in Eiswürfelbehältern einfrieren. Püreewürfel z. B. für eine Bowle verwenden.

Lady Störtebeker

einige Eiswürfel
2 cl Dry Gin
2 cl Crème de Cassis
1 cl Amaretto
trockener Sekt
1 Bio-Orangenschalenspirale

1. Einige Eiswürfel in ein Rührglas geben. Gin, Crème de Cassis und Amaretto hinzufügen, gut verrühren.

2. Den Drink durch ein Barsieb in eine Sektschale abseihen und mit eiskaltem Sekt auffüllen.

3. Den Drink mit einer Orangenschalenspirale garnieren.

Latte Macchiato | Alkoholfrei

250 ml (1/4 l) Milch (3,5 % Fett)
50 ml Espresso
etwas Kakaopulver

1. Die Milch in einem kleinen Topf auf etwa 60 °C erhitzen und in ein Glas gießen. Die Milch mit einem Milchschäumer zu einem nicht zu festen Milchschaum aufschlagen. Die aufgeschäumte Milch 30–60 Sekunden stehen lassen, damit sich der Schaum etwas setzen kann (etwas Milchschaum abnehmen).

2. Den Espresso langsam über den Rücken eines Löffels am Rand des Glases einfüllen.

3. Den abgenommenen Milchschaum auf den Milchkaffee geben und mit Kakao bestäuben.

Latte-Macchiato-Likör

etwa 1,4 l

6	*Eigelb*
250 g	*gesiebter Puderzucker*
2 Pck.	*Dr. Oetker Vanillin-Zucker*
340 ml	*Kondensmilch (10 % Fett)*
150 ml	*Weingeist/Ethanol (hochprozentiger Alkohol aus der Apotheke, 90 Vol.-%)*
150 ml	*Whisky (40 Vol.-%)*
180 ml	*kalter, starker Espresso*

1. Eigelb mit Puderzucker und Vanillin-Zucker mit Handrührgerät mit Rührbesen in etwa 3 Minuten aufschlagen. Nach und nach Kondensmilch unterrühren.

2. Weingeist und Whisky langsam unter Rühren hinzugießen. Zuletzt Espresso unterrühren.

3. Latte-Macchiato-Likör in 2 gründlich gereinigte, gespülte Flaschen füllen und mit je einem Flaschenverschluss fest verschließen. Den Likör sofort genießen oder im Kühlschrank aufbewahren.

Hinweis: Nur ganz frische Eier verwenden, die nicht älter als 5 Tage sind (Legedatum beachten).

Tipps: Vor dem Servieren den Likör einmal gut durchschütteln. Das Eiweiß von den 6 Eiern für Makronen- oder Baisergebäck verwenden.

Haltbarkeit: gut gekühlt etwa 14 Tage.

Lebkuchenlikör I

etwa 750 ml (3/4 l)

100 g Zartbitter-Schokolade (mind. 50 % Kakaoanteil)
400 g haltbare Schlagsahne
100 g gesiebter Puderzucker
2 gestr. TL Lebkuchengewürz
200 ml Doppelkorn (38 Vol.-%)

1. Die Zartbitter-Schokolade in Stücke brechen. Die Schokoladenstücke mit der Sahne in einem kleinen Topf im heißen Wasserbad bei schwacher Hitze unter Rühren schmelzen.

2. Den Puderzucker hinzufügen und so lange rühren, bis er vollständig aufgelöst ist. Den Topf von der Kochstelle nehmen. Das Lebkuchengewürz und Doppelkorn gut mit der Schokoladen-Sahne-Mischung verrühren.

3. Den Likör in gründlich gereinigte, gespülte Flaschen füllen. Die Flaschen gut verschließen. Den Lebkuchenlikör im Kühlschrank aufbewahren. Der Likör kann sofort getrunken werden.

Tipp: Dieser Likör schmeckt sehr gut zu einem Vanilleeis oder Vanille-Pudding.

Haltbarkeit: gekühlt 3–6 Monate.

Liebesapfellikör

etwa 1,4 l

3	*säuerliche Äpfel*
	(etwa 400 g, z. B. Boskop)
	Saft von
1	*Zitrone*
80 g	*gesiebter Puderzucker*
200 ml	*Grenadinesirup*
500 ml (1/2 l)	*Doppelkorn (38 Vol.-%)*

1. Äpfel waschen, abtrocknen, schälen, vierteln, entkernen und in kleine Stücke schneiden. Apfelstücke mit Zitronensaft mischen, in einen Elektromixer füllen und pürieren.

2. Den Puderzucker, Sirup und Doppelkorn hinzufügen, nochmals kräftig durchmixen.

3. Den Liebesapfellikör in eine gründlich gereinigte, gespülte Flasche füllen und mit einem Flaschenverschluss fest verschließen.

4. Liebesapfellikör sofort genießen oder im Kühlschrank aufbewahren. Vor dem Servieren den Likör kräftig durchschütteln.

Tipp: Die Flaschen mit kleinen Deko-Girlanden umwickeln.

Haltbarkeit: gekühlt etwa 14 Tage.

Limettenlikör

etwa 1 l

150 ml Wasser
250 g Rohrzucker
4 Bio-Limetten (unbehandelt, ungewachst)
1 Zimtstange
550 ml Rum (54 Vol.-%)

1. Wasser mit Rohrzucker in einem Topf zum Kochen bringen und kurz aufkochen lassen. Das Zuckerwasser erkalten lassen.

2. Limetten heiß abwaschen, abtrocknen. 2 Limetten dünn schälen. Limetten (4 Stück) halbieren und den Saft auspressen.

3. Limettenschale mit -saft, Zimtstange, Zuckerwasser und Rum in eine gründlich gereinigte, gespülte Flasche geben. Die Flasche mit einem Flaschenverschluss fest verschließen und einmal kräftig durchschütteln. Anschließend den Likör an einem kühlen Ort etwa 4 Wochen durchziehen lassen.

4. Nach der Durchziehzeit den Likör in kleine, gründlich gereinigte, gespülte Flaschen abfiltern und die Flaschen gut verschließen.

Haltbarkeit: gekühlt 4–6 Wochen.

Limoncello mit Wodka I

etwa 2 1/2 l

400 ml Wasser
1 kg Zucker
1,2 l Wodka
6 Bio-Zitronen (unbehandelt, ungewachst)
1 Bio-Orange (unbehandelt, ungewachst)
200 ml Zitronensaft

1. Wasser in einem Topf zum Kochen bringen. Zucker hinzugeben und so lange rühren, bis sich der Zucker vollständig gelöst hat. Die Zuckerlösung etwa 10 Minuten bei mittlerer Hitze sirupartig einkochen lassen. Den Topf von der Kochstelle nehmen. 200 ml des Wodkas mit dem Zuckersirup verrühren und erkalten lassen.

2. Zitronen und Orange heiß abwaschen und abtrocknen. Zitronen und Orange mit einem Sparschäler dünn schälen und in feine Streifen schneiden. Die Zitronen- und Orangenschalenstreifen, restlichen Wodka und Zitronensaft mit dem Zucker-Wodka-Sirup verrühren und in ein gründlich gereinigtes, gespültes Glas füllen. Limoncello etwa 2 Wochen an einem dunklen, kühlen Ort (am besten im Keller) durchziehen lassen.

3. Den Limoncello durch ein mit einem Geschirrtuch ausgelegtes Sieb gießen und in gründlich gereinigte, gespülte Flaschen füllen. Flaschen jeweils fest verschließen. Limoncello im Kühlschrank aufbewahren.

Tipp: Limoncello eiskalt servieren. Nach Belieben etwa 1 Stunde vor dem Servieren die Flasche in den Gefrierschrank legen.

Haltbarkeit: gekühlt etwa 1 Jahr.

Lindenblüten-Crusta

4 Portionen

Alkoholfrei

etwas Zitronensaft
etwas Zucker

500 ml (1/2 l) Lindenblütentee
250 ml (1/4 l) Apfelsaft
2 EL flüssiger Kleehonig
Saft von
1 Zitrone

einige Minzeweige
einige Trinkhalme

1. Die Ränder von 4 Longdrinkgläsern (0,2 l) zuerst in Zitronensaft, dann in Zucker tauchen.

2. Den Tee mit Apfelsaft, Honig und Zitronensaft in einem Gefäß gut verrühren und kalt stellen.

3. Das kalte Tee-Apfelsaft-Getränk in den Gläsern verteilen. Lindenblüten-Crusta mit abgespülten und trocken getupften Minzezweigen garnieren und mit Trinkhalmen servieren.

Tipp: Sehr gut schmeckt der Drink auch mit Lindenblütenhonig. Dadurch wird der Geschmack nach Lindenblüten noch verstärkt.

Long Island Ice Tea

einige Eiswürfel
2 cl Wodka
2 cl weißer Rum
2 cl Tequila
2 cl Gin
2 cl Curaçao Triple Sec
3 cl Limetten- oder Zitronensaft
Cola

1 Physalis (Kapstachelbeere)
evtl. 1 Trinkhalm

1. Ein Longdrinkglas zur Hälfte mit Eiswürfeln füllen. Wodka, Rum, Tequila, Gin, Triple Sec und Limetten- oder Zitronensaft darübergießen.

2. Das Glas mit kalter Cola auffüllen. Den Drink leicht umrühren, mit einer Physalis garnieren und nach Belieben mit einem Trinkhalm servieren.

Lustige Früchtchen

6 Portionen (ohne Foto)

Alkoholfrei

etwas Wasser
etwas Zucker

etwa 200 g gemischte Früchte (aus der Dose)
12 Eiswürfel
700 ml Apfelsaft

1. Die Ränder von 6 Gläsern jeweils zuerst in Wasser und dann in Zucker tauchen, sodass ein Zuckerrand (Crusta) entsteht.

2. Die gemischten Früchte und je 2 Eiswürfel in die Gläser geben und mit Apfelsaft auffüllen.

Maibowle

8 Portionen

500 g Waldmeisterkraut
3 Blutorangen
1,4 l trockener Weißwein
4 cl Waldmeisterlikör
1,4 l Sekt
Saft von
1 Limette

1. Waldmeisterkraut gründlich abspülen, abtropfen lassen, auf Küchenpapier legen und über Nacht trocknen lassen.

2. Orangen so schälen, dass die weiße Haut vollständig entfernt wird. Orangen in Scheiben schneiden. Den gekühlten Wein und Waldmeisterlikör in ein Bowlengefäß geben. Von dem getrockneten Waldmeisterkraut die Blätter abzupfen, zu der Wein-Likör-Mischung in das Bowlengefäß geben und etwa 1 1/2 Stunden kalt stellen.

3. Die Waldmeisterblätter mit einer Schaumkelle herausnehmen. Orangenscheiben und eiskalten Sekt hinzugeben. Limettensaft hinzugießen.

Tipp: Nur die Blätter des Waldmeisters benutzen, da die Stiele kein Aroma haben.

Mai Tai

etwas	*grob zerstoßenes Eis*
1	*Bio-Limette (unbehandelt, ungewachst)*
6 cl	*brauner Rum*
2 cl	*Cointreau*
1 cl	*Zuckersirup*
1 cl	*Zitronensaft*
1 cl	*Mandelsirup*
einige	*Eiswürfel*
1	*Cocktailkirsche*
1	*Minzezweig*

1. Ein Longdrinkglas zur Hälfte mit zerstoßenem Eis füllen. Die Limette heiß abwaschen, abtrocknen, vierteln und über dem Eis auspressen. Einige Limettenstücke in das Glas geben.

2. Rum, Cointreau, Zuckersirup, Zitronensaft, Mandelsirup und einige Eiswürfel in einen Shaker geben und kräftig schütteln.

3. Den Drink durch ein Barsieb in das Longdrinkglas abseihen.

4. Den Drink kurz umrühren, mit einer Cocktailkirsche und einem abgespülten und trocken getupften Minzezweig servieren.

Mandel-Flip

Alkoholfrei

4 Portionen

100 g	*gehackte Mandeln*
1 Pck.	*Dr. Oetker Vanillin-Zucker*
3 EL	*Zucker*
2	*Eigelb*
375 ml (3/8 l)	*Milch*
4 EL	*geschlagene Schlagsahne*
etwas	*Schokoladensauce*

1. Mandeln, Vanillin-Zucker, Zucker, Eigelb und Milch in einen Elektromixer geben, pürieren und in mittelgroße Gläser füllen.

2. Sahne in einen Spritzbeutel mit Sterntülle füllen. In jedes Glas einen Sahnetupfer spritzen und mit der Schokoladensauce verzieren. Sofort servieren.

Hinweis: Nur ganz frische Eigelb verwenden, die nicht älter als 5 Tage sind (Legedatum beachten). Mandel-Flip sofort verzehren.

Mandellikör

etwa 800 ml

150 g	*abgezogene, ganze Mandeln*
1	*Zimtstange*
1	*Sternanis*
3 Tropfen	*Bittermandel-Aroma*
125 g	*brauner Kandiszucker*
700 ml	*Weinbrand (40 Vol.-%)*

1. Mandeln grob hacken und in einer Pfanne ohne Fett goldbraun rösten.

2. Mandeln mit Zimtstange, Sternanis und Aroma in ein großes, gründlich gereinigtes, gespültes Glas geben. Den Kandis hinzugeben und mit Weinbrand übergießen.

3. Das Glas fest verschließen. Den Mandellikör an einem kühlen, dunklen Ort (am besten im Keller) etwa 2 Wochen durchziehen lassen.

4. Den Mandellikör durch ein mit einem Geschirrtuch ausgelegtes Sieb gießen, in Flaschen abfüllen und verschließen.

Variante: Für einen **Vanille-Mandel-Likör** 1–2 Vanilleschoten längs aufschneiden und das Mark herausschaben. Dann Vanilleschote, -mark und 2 Päckchen Dr. Oetker Vanillin-Zucker mit in den Ansatz geben. Nach dem Filtern und Abfüllen die Vanilleschoten wieder in die gefüllten Flaschen geben. Die Vanilleschoten geben weiterhin ihr Aroma ab.

Haltbarkeit: gekühlt etwa 6 Monate.

Mandel-Mango-Smoothie

4 Portionen

Alkoholfrei

3	*Bananen*
1	*große Mango (etwa 350 g)*
evtl. etwas	*Zitronensaft*
40 g	*gehobelte Mandeln*
500 ml (1/2 l)	*kalter Orangensaft*
1–2 EL	*Agavendicksaft (erhältlich im Reformhaus) oder flüssiger Honig*

1. Bananen schälen und in etwa 1 cm dicke Scheiben schneiden. Bananenscheiben in Folie gewickelt in den Gefrierschrank legen. Mango halbieren und den Stein herauslösen. Die Mangohälften schälen und in Würfel schneiden. Evtl. 4 dünne Mangospalten vorher abschneiden, mit Zitronensaft beträufeln und zum Garnieren beiseitelegen. Mangowürfel in einen Gefrierbehälter geben und ebenfalls in den Gefrierschrank stellen.

2. Die Mandeln in einer Pfanne ohne Fett hellbraun rösten, herausnehmen und auf einem Teller erkalten lassen. Evtl. einige Mandeln zum Garnieren beiseitelegen.

3. Gefrorene Bananenscheiben, Mangowürfel, Orangensaft und Mandeln mit dem Agavendicksaft oder Honig in einen hohen Rührbecher geben und mit einem Stabmixer pürieren.

4. Smoothie in 4 Longdrinkgläser füllen. Mit den beiseitegelegten Mangospalten und Mandeln garnieren.

Mango Lady I

Alkoholfrei

2 cl Mangosirup
8 cl Orangensaft
einige Eiswürfel
10 cl Bitter Lemon

evtl. 1 frische Mangospalte
evtl. 1 Trinkhalm

1. Mangosirup und Orangensaft in ein zur Hälfte mit Eiswürfeln gefülltes Longdrinkglas geben und gut verrühren.

2. Den Drink mit gekühltem Bitter Lemon auffüllen.

3. Nach Belieben eine Mangospalte an den Glasrand stecken und dann das Getränk mit einem Trinkhalm servieren.

Margarita I

etwas Zitronensaft
etwas Salz

3 cl Tequila
1 cl Cointreau
2 cl Zitronensaft
einige Eiswürfel

1 Bio-Zitronenscheibe

1. Den Rand einer gut gekühlten Cocktailschale zuerst in Zitronensaft, dann in Salz tauchen.

2. Tequila, Cointreau, Zitronensaft und einige Eiswürfel in einen Shaker geben und kräftig schütteln.

3. Den Drink durch ein Barsieb in die Cocktailschale abseihen und mit einer Zitronenscheibe garnieren.

Tipp: Wer es weniger salzig mag, kann den Rand auch aus feinem Zucker herstellen.

Marisa

Alkoholfrei

(ohne Foto)

1 cl Maracujasirup
1 cl Mango-Fruchttrunk
4 cl Orangensaft
4 cl Kurmolke
einige Eiswürfel
Mineralwasser

1 Trinkhalm

1. Sirup, Fruchttrunk, Orangensaft, Molke und einen Eiswürfel in einen Elektromixer geben und gut durchmixen.

2. In ein zu einem Drittel mit Eiswürfeln gefülltes Glas gießen und mit Mineralwasser auffüllen.

3. Marisa mit einem Trinkhalm servieren.

Marokko

Alkoholfrei

4 Portionen

250 ml (1/4 l) heißer Pfefferminztee
250 ml (1/4 l) heißer, schwarzer Tee
1 TL Ingwerstückchen
1 Zimtstange
4 Gewürznelken
Saft von
1 Zitrone
3 EL flüssiger Wildblütenhonig
etwas zerstoßenes Eis

einige Minzezweige

1. Beide Teesorten mit Ingwer, Zimtstange, Gewürznelken, Zitronensaft und Honig verrühren, kalt stellen.

2. Das zerstoßene Eis in 4 Gläser verteilen. Den kalten Tee durch ein Sieb in die Gläser füllen. Die Glasränder mit abgespülten und trocken getupften Minzezweigen garnieren.

Martini Dry Cocktail I

5 cl Gin
1 cl Vermouth Dry
einige Eiswürfel

1 grüne Olive, ohne Stein

1. Gin, Wermut und einige Eiswürfel in einem Rührglas gut verrühren.

2. Den Drink durch ein Barsieb in ein gekühltes, kleines Cocktailglas abseihen.

3. Die Olive hinzugeben.

Tipps: Der Martini Dry Cocktail ist, obwohl so einfach, doch durchaus sehr anspruchsvoll. Wichtig ist, einen kalten Gin zu nehmen. Als Wermut ist der Noilly Prat ideal, auf keinen Fall einen Bianco nehmen. Den Cocktail nach Belieben mit Zitronenschale abspritzen.

Masquerade

4 cl *Southern Comfort*
2 cl *Zitronensaft*
1 cl *Grenadinesirup*
einige Eiswürfel
Mineralwasser

1 *Karambolescheibe (Sternfrucht)*
2 *Cocktailkirschen*
1 *Cocktailsticker*
1 *Trinkhalm*

1. Southern Comfort, Zitronensaft, Grenadinesirup und einige Eiswürfel in einen Shaker geben und kräftig schütteln.

2. Den Drink durch ein Barsieb in ein mit 2–3 Eiswürfeln gefülltes Longdrinkglas abseihen.

3. Mit etwas gekühltem Mineralwasser auffüllen.

4. Die Sternfruchtscheibe halbieren, mit den Cocktailkirschen auf einen Sticker spießen und in das Glas stellen. Mit einem Trinkhalm servieren.

Melone in Gin

2	*mittelgroße Netzmelonen*
250 g	*Zucker*
2 EL	*Zitronensaft*
1 gestr. TL	*gemahlener Ingwer*
700 ml	*Gin*

1. Melonen halbieren, entkernen und in Spalten schneiden. Melonenspalten schälen und in Stücke schneiden.

2. Melonenstücke mit Zucker, Zitronensaft und Ingwer in einer Schüssel gut vermengen und zugedeckt über Nacht durchziehen lassen.

3. Die Melonenstücke abtropfen lassen und den Saft dabei auffangen. Melonenstücke in ein vorbereitetes, großes Glas geben.

4. Den Saft mit Gin verrühren und auf den Melonenstücken verteilen. Das Glas gut verschließen und die Melonenstücke einige Wochen durchziehen lassen.

Melonenbowle I

8 Portionen

2 kleine Honigmelonen
150 g Zucker
250 ml (1/4 l) Sherry
1 1/2 l Weißwein
1 Bund Zitronenmelisse
2 Flaschen (0,7 l) kalter, trockener Sekt

1. Honigmelonen halbieren, das Kerngehäuse entfernen, das Fruchtfleisch als Kugeln ausstechen oder in Würfel schneiden und in ein Bowlengefäß geben.

2. Zucker, Sherry und Weißwein zu den Melonen geben und etwa 30 Minuten im geschlossenen Bowlengefäß ziehen lassen.

3. Zitronenmelisse abspülen, trocken tupfen, klein schneiden und zu dem Bowlenansatz geben.

4. Die Bowle mit dem Sekt auffüllen.

Mexican Snowball

2 cl Tequila
2 cl Kahlúa (Kaffeelikör)
1 cl Schlagsahne, flüssig
1 cl Cream of Coconut oder Kokossirup
einige Eiswürfel
etwas Raspelschokolade
1 Physalis (Kapstachelbeere)

1. Tequila, Likör, Sahne, Cream of Coconut oder Kokossirup und einige Eiswürfel in einen Elektromixer geben und gut durchmixen.

2. Den Drink durch ein Barsieb in ein gut gekühltes Cocktailglas abseihen.

3. Mexican Snowball mit etwas Raspelschokolade bestreuen und mit einer Physalis garnieren. Den Drink servieren.

Mexikanische Schokolade I
2–3 Portionen

100 g Vollmilch-Schokolade
4 EL Schlagsahne
1 Pck. Dr. Oetker Vanillin-Zucker
1 TL gemahlener Zimt
2 EL gesiebtes Kakaopulver
250 ml (1/4 l) Milch

2 Eigelb
1 EL Zucker
4 EL Weinbrand

1. Schokolade in Stücke brechen, mit Sahne in einem kleinen Topf im heißen Wasserbad bei schwacher Hitze unter Rühren schmelzen. Vanillin-Zucker, Zimt und Kakao unterrühren.

2. Milch in einem Topf zum Kochen bringen. Den Topf von der Kochstelle nehmen, die Schokoladenmasse unterrühren.

3. Eigelb mit Zucker in einem kleinen Topf im heißen Wasserbad cremig aufschlagen und den Weinbrand unterrühren.

4. Die Eigelbcreme unter die heiße Schokoladenmilch rühren, in Tassen verteilen und sofort servieren.

Hinweis: Nur ganz frische Eigelb verwenden, die nicht älter als 5 Tage sind (Legedatum beachten).

Milchmix I

Alkoholfrei

2–3 Portionen

Für die Bananenmilch:
(im Foto Mitte)

1 Banane
150 ml Ananassaft
500 ml (½ l) Buttermilch
1 Pck. Dr. Oetker Vanillin-Zucker
einige Tropfen Zitronen-Aroma
evtl. 2–3 Bananenstücke mit Schale

Für die Johannisbeer- oder Himbeermilch:
(im Foto vorne)

150 g frische Johannisbeeren oder Himbeeren
1 Pck. Dr. Oetker Vanillin-Zucker
2 EL Zucker
150 g Joghurt
200 ml Kondensmilch
evtl. 2–3 Johannisbeerrispen

Für die Orangenmilch:
(im Foto hinten)

1 Blutorange
1 EL Zucker
1 Eigelb
1 EL flüssiger Honig
1 Pck. Dr. Oetker Vanillin-Zucker
150 g Joghurt
1 Prise gemahlener Ingwer
evtl. 2–3 Bio-Orangenscheiben

1. **Für die Bananenmilch** Banane schälen und pürieren oder mit einer Gabel zerdrücken. Das Bananenpüree mit Ananassaft und Buttermilch in einem hohen Rührbecher pürieren. Mit Vanillin-Zucker und Aroma abschmecken. Bananenmilch in 2–3 Gläser füllen und nach Belieben mit je einem Bananenstück garnieren.

2. **Für die Johannisbeer- oder Himbeermilch** die Johannisbeeren putzen, waschen, trocken tupfen und entstielen. Oder Himbeeren verlesen, evtl. kurz abspülen und trocken tupfen. Johannisbeeren oder Himbeeren in einen hohen Rührbecher geben und pürieren. Vanillin-Zucker, Zucker, Joghurt und Kondensmilch unterrühren. Johannnisbeer- oder Himbeermilch in 2–3 Gläser füllen und die Gläser nach Belieben mit je einer Johannisbeerrispe garniert sofort servieren.

3. **Für die Orangenmilch** Orange so schälen, dass die weiße Haut mitentfernt wird. Orange filetieren. Filets in einen hohen Rührbecher geben und pürieren. Zucker, Eigelb, Honig, Vanillin-Zucker und Joghurt unterrühren. Orangenmilch mit Ingwer abschmecken, in 2–3 Gläser füllen und nach Belieben mit je einer Orangenscheibe garnieren.

Hinweis: Für die Orangenmilch nur ganz frisches Eigelb verwenden, das nicht älter als 5 Tage ist (Legedatum beachten).

Milky Cola

Alkoholfrei

4 Portionen

375 ml (3/8 l) Schokomilch
3 Kugeln Schokoladeneis
375 ml (3/8 l) Cola

1. Milch und Eiskugeln in einen Elektromixer geben und kurz verrühren. Cola hinzugießen, umrühren, in eine Glaskaraffe füllen und sofort servieren.

Mint Julep

einige Minzeblättchen
1 TL Zuckersirup
einige Eiswürfel
4 cl Bourbon Whiskey
Sodawasser

1 Minzezweig

1. Die Minzeblättchen abspülen und trocken tupfen. Minzeblättchen mit Zuckersirup in ein Longdrinkglas geben und mit einem Löffel grob zerreiben oder zerdrücken.

2. Das Glas zur Hälfte mit Eiswürfeln füllen, Whiskey hinzugeben. Das Glas mit gekühltem Sodawasser auffüllen.

3. Den Drink mit einem abgespülten und trocken getupften Minzezweig garnieren.

Minty Joe

Alkoholfrei

2 cl Pfefferminzsirup
1 cl Zitronensaft
8 cl Orangensaft
8 cl Maracujanektar
einige Eiswürfel

1 Minzezweig
evtl. 1 Trinkhalm

1. Sirup, Zitronen-, Orangensaft und Maracujanektar mit einigen Eiswürfeln in einen Shaker geben, kräftig und lange schütteln.

2. Den Cocktail durch ein Barsieb in ein zur Hälfte mit Eiswürfeln gefülltes Longdrinkglas abseihen.

3. Den Cocktail mit einem abgespülten und trocken getupften Minzezweig garnieren und nach Belieben mit einem Trinkhalm servieren.

Mirabellen in Vanille-Wodka

etwa 1,4 l

1 Vanilleschote
700 ml Wodka (40 Vol.-%)
400 g frische Mirabellen
250 g brauner Zucker (Rohrzucker)

1. Vanilleschote längs aufschneiden und das Mark herausschaben. Vanillemark mit Wodka verrühren. Vanilleschote beiseitelegen.

2. Mirabellen waschen, abtropfen lassen und die Haut mit einem scharfen Messer einschneiden. Mirabellen und Zucker in einer Schüssel vermischen und etwa 1 Stunde durchziehen lassen.

3. Mirabellen mit der beiseitegelegten Vanilleschote in gründlich gereinigte, gespülte Gläser füllen und mit dem Vanille-Wodka auffüllen, sodass die Mirabellen vollständig bedeckt sind.

4. Die Gläser fest verschließen.

5. Die Mirabellen etwa 4 Wochen an einem kühlen, dunklen Ort durchziehen lassen.

Tipps: Bei sehr reifen Früchten können Sie die Zuckermenge nach Belieben reduzieren. Mit Vanilleeis servieren oder jeweils 1–2 Mirabellen mit gekühltem Sekt auffüllen.

Haltbarkeit: gekühlt 3–4 Monate.

Mohnlikör

etwa 1,4 l

250 g backfertige Mohnfüllung
250 g Schlagsahne
4 Eigelb
150 g gesiebter Puderzucker
700 ml Doppelkorn (38 Vol.-%)

1. Backfertige Mohnfüllung mit Sahne in einem Topf unter Rühren einmal kurz aufkochen und abkühlen lassen.

2. Das Eigelb und Puderzucker mit Handrührgerät mit Rührbesen schaumig schlagen. Mohnsahne und Doppelkorn nach und nach unter Rühren hinzugießen, sodass ein cremiger Likör entsteht.

3. Den Mohnlikör in 2 gründlich gereinigte, gespülte Flaschen füllen, mit je einem Flaschenverschluss fest verschließen und kalt stellen. Den Likör vor dem Servieren einmal kräftig durchschütteln.

Hinweis: Nur ganz frische Eier verwenden, die nicht älter als 5 Tage sind (Legedatum beachten).

Tipp: Das Eiweiß von den 4 Eiern für Makronen- oder Baisergebäck verwenden.

Haltbarkeit: gut gekühlt etwa 2 Wochen.

Möhrendrink

Alkoholfrei

2 Portionen

300 g Möhren
½ rote Paprikaschote
Saft von
½ Zitrone
Saft von
2 Orangen
Salz
frisch gemahlener Pfeffer
Selleriesalz

1. Möhren putzen, schälen, abspülen und abtropfen lassen. Paprikaschotenhälfte entstielen, entkernen und die weißen Scheidewände entfernen. Schotenhälfte waschen und abtropfen lassen. Möhren und Schotenhälfte in kleine Stücke schneiden, in einen Elektromixer geben und pürieren.

2. Zitronen- und Orangensaft unterrühren. Den Möhrendrink mit Salz, Pfeffer und Selleriesalz würzen.

3. Den Möhrendrink in 2 dickbauchige Gläser füllen.

Mojito

2 TL Puderzucker oder
1 cl Zuckersirup
6 cl weißer Rum
Saft von
½ Limette
6–8 Minzeblättchen
einige Eiswürfel oder
grob zerstoßenes Eis
Sodawasser

einige Minzeblättchen

1. Puderzucker oder Zuckersirup mit Rum und Limettensaft in ein Longdrinkglas oder einen Tumbler (Becherglas) geben und verrühren, bis der Zucker oder Sirup sich gelöst hat. Abgespülte und trocken getupfte Minzeblättchen darin etwas zerdrücken. Eiswürfel oder grob zerstoßenes Eis hinzufügen und verrühren.

2. Das Glas mit gekühltem Sodawasser auffüllen. Den Drink mit abgespülten und trocken getupften Minzeblättchen garnieren.

Mokka-Flip

(im Foto vorne)

5 cl Kaffeelikör
1 cl Schlagsahne, flüssig
1 Eigelb
einige Eiswürfel

etwas frisch geriebene Muskatnuss

1. Likör, Sahne, Eigelb und einige Eiswürfel in einen Shaker geben und kräftig schütteln.

2. Den Flip durch ein Barsieb in eine Cocktailschale oder ein Flip-Glas abseihen.

3. Den Flip mit Muskat bestreut sofort servieren.

Hinweis: Nur ein ganz frisches Eigelb verwenden, das nicht älter als 5 Tage ist (Legedatum beachten).

Tipps: Der typische Flip enthält ein Eigelb. Bereiten Sie den Flip erst kurz vor dem Servieren zu. Wenn Sie das Eigelb im Flip ersetzen möchten, so verwenden Sie statt des Eigelbs 1 cl Schlagsahne.

Variante 1: Sherry-Flip (im Foto Mitte).
Bereiten Sie aus 5 cl Sherry medium, 1 cl Zuckersirup, 2 cl Schlagsahne, 1 frischen Eigelb und einigen Eiswürfeln wie unter Punkt 1 und 2 beschrieben einen Flip zu.

Variante 2: Schoko-Flip (im Foto hinten).
Verwenden Sie statt Kaffeelikör Kakaolikör, z.B. Crème de Cacao.

Moulin Rouge

2 cl Apricot Brandy
2 cl Gin
2 cl Zitronensaft
1 cl Grenadinesirup
einige Eiswürfel
10 cl Champagner

1 Bio-Limetten- oder Karambolescheibe (Sternfrucht)
1 Cocktailkirsche

1. Apricot Brandy, Gin, Zitronensaft, Grenadinesirup und einige Eiswürfel in einen Shaker geben und kräftig schütteln.

2. Den Drink durch ein Barsieb in ein Stielglas abseihen. Gut gekühlten Champagner hinzugießen.

3. Den Drink mit einer Limetten- oder Karambolscheibe und einer Cocktailkirsche garnieren.

Tipp: Statt Champagner können Sie auch halbtrockenen oder trockenen Sekt verwenden.

Multi-Milch-Shake | Alkoholfrei

Für 1 Erdbeer-Shake (im Foto rechts):

100 g frische oder TK-Erdbeeren
1 TL Zitronensaft
175 ml Milch
50 g Schlagsahne
1–2 EL Puderzucker

Für 1 Bananen-Shake (im Foto links):

½ Banane (etwa 125 g)
2 TL Zitronensaft
150 g Joghurt
100 ml Milch
2–3 TL Puderzucker

Für 1 Vanille-Shake (im Foto hinten):

1 Pck. Dr. Oetker Bourbon-Vanille-Zucker
1–2 TL Puderzucker
2 EL Zitronensaft
200 ml Milch
75 g Schlagsahne

1. **Für den Erdbeer-Shake** die Erdbeeren putzen, waschen, abtropfen lassen und entstielen. TK-Erdbeeren antauen lassen.

2. Erdbeeren, Zitronensaft, Milch, Sahne und Puderzucker in einen Elektromixer geben und pürieren oder in einem hohen Rührbecher kräftig durchmixen. Den Erdbeer-Shake in ein Glas füllen und sofort servieren.

3. **Für den Bananen-Shake** die Banane schälen. Eine Bananenhälfte in Stücke schneiden. Die Bananenstücke mit Zitronensaft, Joghurt, Milch und Puderzucker in einen Elektromixer geben und pürieren oder in einem hohen Rührbecher kräftig durchmixen. Den Bananen-Shake in ein Glas füllen und sofort servieren.

4. **Für den Vanille-Shake** Vanille-Zucker, Puderzucker, Zitronensaft, Milch und Sahne in einen Elektromixer oder hohen Rührbecher geben und kräftig durchmixen. Den Vanille-Shake in ein Glas füllen und sofort servieren.

Tipp: Die Shakes mit einem Trinkhalm servieren.

New Orleans I

4 cl Dry Gin
1 Barlöffel Eiweiß
2 Barlöffel Zuckersirup
3 Barlöffel Schlagsahne, flüssig
einige Eiswürfel

1. Gin, Eiweiß, Zuckersirup, Sahne und einige Eiswürfel in einen Shaker geben und kräftig schütteln.

2. Den Drink durch ein Barsieb in eine Cocktailschale abseihen.

Hinweis: Nur ganz frisches Eiweiß verwenden, das nicht älter als 5 Tage ist (Legedatum beachten).

Night and Day

1 cl	*Cognac*
1 cl	*Apricot Brandy*
4 cl	*Orangensaft*
einige	*Eiswürfel*
10 cl	*trockener Sekt*

1. Cognac mit Apricot Brandy, Orangensaft und einigen Eiswürfeln in einen Shaker geben und kräftig schütteln.

2. Den Drink durch ein Barsieb in ein großes, gekühltes Stielglas abseihen. Das Glas mit gut gekühltem Sekt auffüllen und sofort servieren.

Nirwana

(ohne Foto)

4 cl Tequila
2 cl Pfirsichlikör
1 Barlöffel Blue Curaçao
8 cl Orangensaft
2 cl Zitronensaft
einige Eiswürfel

1 Ananasstück
1 Cocktailkirsche
1 Trinkhalm

1. Tequila, Liköre und Säfte mit einigen Eiswürfeln in einen Shaker geben und gut schütteln.

2. Den Drink durch ein Barsieb in ein zur Hälfte mit Eiswürfeln gefülltes Longdrinkglas abseihen.

3. Nirwana mit einem Stück Ananas und einer Cocktailkirsche garnieren, mit einem Trinkhalm servieren.

Nordic Dreams

2 cl Wodka
1 cl Maracujasaft
1 cl Limettensaft
1 Spritzer Grenadinesirup
4 cl Orangensaft
einige Eiswürfel

1 Bio-Limettenscheibe
1 Cocktailkirsche
1 Cocktailspieß
1 Trinkhalm

1. Wodka, Maracuja-, Limettensaft, Grenadinesirup, Orangensaft und einige Eiswürfel in einem Rührglas gut verrühren. Den Drink durch ein Barsieb in ein mit 2–3 Eiswürfeln gefülltes Longdrinkglas abseihen.

2. Eine Limettenscheibe und eine Cocktailkirsche auf einen Cocktailspieß stecken und den Drink damit garnieren. Den Drink mit einem Trinkhalm servieren.

Nuss-Nougat-Likör I

etwa 1,2 l

50 g gehackte Walnusskerne
50 g gehackte Mandeln
250 g Vollmilch-Schokolade (mind. 35 % Kakaoanteil)
etwas Speiseöl, z. B. Sonnenblumenöl
4 EL Instant-Espressopulver
250 g brauner Zucker (Rohrzucker)
1 Pck. Dr. Oetker Vanillin-Zucker
1 l weißer Rum (37,5 Vol.-%)

1. Walnusskerne und Mandeln in einer Pfanne ohne Fett rösten, herausnehmen und beiseitestellen.

2. Schokolade in Stücke brechen. Schokolade und Speiseöl in einem kleinen Topf im heißen Wasserbad bei schwacher Hitze unter Rühren schmelzen. Espressopulver unterrühren. Nach und nach den Zucker und Vanillin-Zucker unterrühren. So lange rühren, bis sich der Zucker vollständig gelöst hat.

3. Die Schokoladenmasse mit den beiseitegestellten Walnusskernen, Mandeln und Rum verrühren und in ein großes, gründlich gereinigtes, gespültes Glas füllen. Glas gut verschließen.

4. Den Nuss-Nougat-Likör etwa 2 Tage kühl und dunkel gestellt (am besten im Keller) durchziehen lassen. Zwischendurch mehrmals kurz schütteln.

5. Dann den Nuss-Nougat-Likör durch ein feines Sieb passieren und in 3 gründlich gereinigte, gespülte Flaschen füllen.

6. Die Flaschen fest verschließen und im Kühlschrank aufbewahren.

Tipps: Der Nuss-Nougat-Likör kann statt mit weißem Rum auch mit Wodka zubereitet werden. Servieren Sie den Nuss-Nougat-Likör zu Mini-Windbeuteln (z. B. TK-Windbeutel).

Haltbarkeit: gekühlt etwa 6 Monate.

Obstgarten

Alkoholfrei

4 Portionen

150 g	*vorbereitete Fenchelknolle*
1	*Orange*
1	*Kiwi*
1 EL	*Haselnussmus (erhältlich im Reformhaus)*
3 EL	*Traubenzucker*
250 ml (1/4 l)	*Apfelsaft*
einige	*Eiswürfel*
	Mineralwasser ohne Kohlensäure

1. Fenchelknolle in grobe Würfel schneiden. Orange so schälen, dass die weiße Schale vollständig entfernt wird. Kiwi schälen. Orange und Kiwi ebenfalls grob würfeln.

2. Fenchel-, Orangen- und Kiwiwürfel mit dem Haselnussmus, Traubenzucker und Apfelsaft in einen Elektromixer geben und pürieren.

3. Einige Eiswürfel in 4 Gläser verteilen. Fenchel-Frucht-Pürree daraufgeben und mit gekühltem Mineralwasser auffüllen.

Ohio

1 Spritzer	*Angostura Bitter*
2 Spritzer	*Curaçao Weiß*
2 Spritzer	*Maraschino-Likör*
3 cl	*Whisky*
einige	*Eiswürfel*
	Sekt
1	*Bio-Orangenscheibe*
1	*Cocktailkirsche*

1. Angostura, Curaçao, Maraschino-Likör, Whisky und einige Eiswürfel in einem Rührglas verrühren.

2. Den Drink durch ein Barsieb in eine Cocktailschale abseihen. Mit gut gekühltem Sekt auffüllen.

3. Eine Orangenscheibe halbieren und mit der Cocktailkirsche in das Glas geben.

Old Fashioned

1 Stück Würfelzucker
2 Spritzer Angostura Bitter
1 Barlöffel Wasser
3–4 Eiswürfel
4 cl Bourbon Whiskey
etwas Bio-Zitronenschale

1/4 Bio-Orangenscheibe
1/2 Bio-Zitronenscheibe
1 Cocktailkirsche

1. Würfelzucker in ein Whiskyglas oder Tumbler (Becherglas) geben und mit Angostura tränken.

2. Wasser hinzugeben, den Würfelzucker zerdrücken und verrühren.

3. Eiswürfel und den Whiskey hinzufügen und unterrühren. Mit Zitronenschale abspritzen.

4. Den Drink mit einem Orangenscheibenstück, einer Zitronenscheibenhälfte und einer Cocktailkirsche garnieren.

Orangenlikör

etwa 1,4 l

250 ml (1/4 l) Wasser
250 ml (1/4 l) trockener Weißwein
450 g Zucker
1 kg Bio-Orangen (unbehandelt, ungewachst)
700 ml Wodka (40 Vol.-%)
1/4 gestr. TL gemahlener Koriander oder Kardamom

1. Wasser mit Wein und Zucker in einem Topf zum Kochen bringen und sirupartig einkochen lassen.

2. Die Orangen heiß abwaschen, abtrocknen und die Schale abreiben. Orangen halbieren und den Saft auspressen. Orangenschale und -saft in die Sirupflüssigkeit einrühren und kalt stellen.

3. Wodka unterrühren. Den Likör mit Koriander oder Kardamom würzen. Orangenlikör 1–2 Tage durchziehen lassen.

4. Den Orangenlikör in gründlich gereinigte, gespülte Flaschen abfiltern (z.B. durch Filterpapier). Die Flaschen fest verschließen und kalt stellen.

Haltbarkeit: gekühlt 4–6 Wochen.

Orangenlikör, fein

etwa 1 l (ohne Foto)

8 Bio-Orangen (unbehandelt, ungewachst)
500 ml (1/2 l) Weingeist/Ethanol (hochprozentiger Alkohol aus der Apotheke, 90 Vol.-%)
375 ml (3/8 l) Wasser
200 g Zucker

1. Die Orangen heiß abwaschen, abtrocknen und die Schale dünn mit einem Sparschäler abschälen. Dabei darauf achten, dass nur die orange Schale und nicht das Weiße abgeschält wird.

2. Orangenschale in ein großes, gründlich gereinigtes Glas geben und mit Weingeist übergießen. Das Glas fest verschließen. Den Ansatz etwa 4 Wochen an einem sonnigen Platz, z. B. auf der Fensterbank, durchziehen lassen. Anschließend den Ansatz durch ein feines Sieb gießen. Die Flüssigkeit dabei auffangen und beiseitestellen.

3. Orangenschalen aus dem Sieb mit Wasser und Zucker in einem Topf zum Kochen bringen, etwa 5 Minuten kochen und dann erkalten lassen.

4. Die erkaltete Flüssigkeit mit dem beiseitegestellten Weingeistansatz verrühren, in eine gründlich gereinigte, gespülte Flasche füllen. Flasche fest verschließen. Den Likör nochmals 10–12 Tage an einem sonnigen Platz, z.B. auf der Fensterbank, durchziehen lassen. Den Orangenlikör kalt gestellt aufbewahren.

Haltbarkeit: gekühlt etwa 3 Monate.

Orangenlimonade | Alkoholfrei

4 Portionen

1 l Mineralwasser ohne Kohlensäure
100–150 g Zucker
1 Prise Salz
10–20 ml Zitronensaft
50 ml Orangensaft

1. Mineralwasser, Zucker und Salz in einem Topf zum Kochen bringen. Den Topf von der Kochstelle nehmen. Zuckerlösung abkühlen lassen, in einen Glaskrug füllen und mit Frischhaltefolie zugedeckt etwa 2 Stunden in den Kühlschrank stellen.

2. Zitronen- und Orangensaft unter die Zuckerlösung rühren, in Gläsern verteilen und servieren.

Tipp: Die Limonade mit Eiswürfeln und nach Belieben mit Bio-Orangenscheiben servieren.

Orangen-Sahne-Likör I

etwa 1,3 l

8 Bio-Orangen (unbehandelt, ungewachst)
125 g weißer Kandiszucker
500 g haltbare Schlagsahne
3 Eigelb
700 ml Wodka (40 Vol.-%)

1. Die Orangen heiß abwaschen, abtrocknen und die Schale abreiben. Die Orangen halbieren und den Saft (etwa 1 l) auspressen. Den Saft in einem Topf bei mittlerer Hitze sirupartig einkochen lassen.

2. Kandis, Sahne und Orangenschale in einen Topf geben und kurz aufkochen lassen. Den Topf von der Kochstelle nehmen. Die Orangensahne etwa 1 Stunde durchziehen lassen.

3. Eigelb in einer großen Rührschüssel verschlagen.

4. Die Orangensahne nochmals aufkochen, heiß zu der Eigelbmasse geben und gut verrühren. Anschließend Orangensirup und Wodka hinzugießen und gut unterrühren.

5. Den Orangen-Sahne-Likör durch ein feines Sieb gießen und in gründlich gereinigte, gespülte Flaschen füllen. Die Flaschen gut verschließen.

6. Den Orangen-Sahne-Likör erkalten lassen und gut gekühlt servieren.

Hinweis: Für den Orangen-Sahne-Likör nur ganz frische Eigelb verwenden, die nicht älter als 5 Tage sind (Legedatum beachten).

Haltbarkeit: 8–10 Wochen.

Orangen-Smoothie mit Ingwer

Alkoholfrei

1 große Orange
½ Banane
15 g Ingwerwurzel
100–150 ml Sojamilch

1. Die Orange so schälen, dass die weiße Haut mitentfernt wird. Orange in Scheiben schneiden. Banane schälen und in Stücke schneiden. Ingwerwurzel schälen, ebenfalls in kleine Stücke schneiden.

2. Orangenscheiben, Bananen- und Ingwerstücke mit der Sojamilch in einen großen Rührbecher geben und mit einem Stabmixer pürieren.

3. Den Smoothie nach Belieben vor dem Servieren einige Zeit in den Kühlschrank stellen. Smoothie in ein Glas füllen und servieren.

Tipps: Schmecken Sie den Smoothie nach Belieben mit etwas Honig oder Orangensaft ab. Statt Sojamilch können Sie auch Sojamilch mit Fruchtgeschmack (z.B. Orange) verwenden. Mit Trinkhalmen servieren.

Orangerie Cocktail

5 cl Aperol (Bitter-Aperitiv)
10 cl Champagner
1 Kumquat

1. Den gekühlten Aperol in einen Champagnerkelch geben und den gekühlten Champagner hinzugießen.

2. Die Kumquat abwaschen, abtrocknen und in den Champagnerkelch geben. Den Cocktail sofort servieren.

Papaya-Smoothie

Alkoholfrei

1 Papaya
1/2 Banane
5 EL Joghurt
100 ml Maracujanektar

1. Papaya halbieren und die Kerne mit einem Esslöffel herausschaben. Die Papayahälften schälen und das Fruchtfleisch in Stücke schneiden. Banane schälen. Bananenhälfte in Stücke schneiden.

2. Papaya-, Bananenstücke, Joghurt und Maracujanektar in einen hohen Rührbecher geben und mit einem Stabmixer pürieren.

3. Den Smoothie nach Belieben einige Zeit in den Kühlschrank stellen. Smoothie in ein Glas füllen und servieren.

Tipps: Servieren Sie den Smoothie nach Belieben mit 2 Trinkhalmen. Der Smoothie schmeckt auch mit Fruchtjoghurt (z. B. Maracuja-Geschmack) sehr gut.

Paradise Fizz

	Saft von
1	*Zitrone*
2 Barlöffel	*feiner Zucker*
1	*Eiweiß*
1 Barlöffel	*Grenadinesirup*
4 cl	*Dry Gin*
einige	*Eiswürfel*
	Sodawasser
1	*Bio-Zitronenscheibe*
1	*Cocktailkirsche*
1	*Trinkhalm*

1. Zitronensaft, Zucker, Eiweiß, Grenadinesirup, Gin und einige Eiswürfel in einen Shaker geben und kräftig schütteln.

2. Den Drink durch ein Barsieb in ein Longdrinkglas abseihen und anschließend mit gekühltem Sodawasser auffüllen.

3. Den Drink mit einer Zitronenscheibe und Cocktailkirsche garnieren und mit einem Trinkhalm servieren.

Hinweis: Nur ganz frisches Eiweiß verwenden, das nicht älter als 5 Tage ist (Legedatum beachten).

Perroquet

2–3 Eiswürfel
1 cl Pfefferminzsirup
4 cl Pastis
Sodawasser
1 Bio-Zitronenspalte
1 Holzspieß

1. Die Eiswürfel in ein Cocktailglas geben. Pfefferminzsirup und Pastis daraufgeben.

2. Eine Zitronenspalte auf einen Holzspieß stecken und ins Glas stellen.

3. Eiskaltes Sodawasser in einem Glas oder Krug dazureichen.

Pfefferminzlikör

etwa 1 ½ l

250 ml (¼ l)	*Wasser*
375 g	*Zucker*
10 Tropfen	*natürliches Pfefferminzöl (aus der Apotheke)*
1 Tropfen	*grüne Speisefarbe*
1 l	*Wodka (40 Vol.-%)*
250 ml (¼ l)	*abgekochtes, erkaltetes Wasser*

1. Das Wasser mit Zucker in einem Topf zum Kochen bringen und sirupartig einkochen lassen. Pfefferminzöl und Speisefarbe unterrühren. Wodka und Wasser hinzugießen und unterrühren.

2. Den Pfefferminzlikör in gründlich gereinigte, gespülte Flaschen füllen. Die Flaschen verschließen. Den Likör 5–7 Tage durchziehen lassen und kalt stellen.

Tipp: Den Likör mit frischen Minzeblättchen am Glasrand servieren.

Haltbarkeit: gekühlt 2–3 Monate.

Pfefferminzlikör, hell

etwa 1,25 l (ohne Foto)

100 g	*Zucker*
150 ml	*Wasser*
75 g	*Pfefferminzbonbons*
6	*frische Pfefferminzestängel*
1 l	*Weizenkorn (38 Vol.-%)*

1. Den Zucker mit Wasser in einem Topf zum Kochen bringen und etwa 1 Minute kochen lassen. Zuckerwasser etwas abkühlen lassen und mit den Pfefferminzbonbons in eine gründlich gereinigte, gespülte Flasche geben. 1 Tag stehen lassen (bis sich die Pfefferminzbonbons aufgelöst haben).

2. Pfefferminzstängel abspülen, trocken tupfen und mit dem Weizenkorn in die Flasche geben. Flasche verschließen und vorsichtig durchschütteln.

3. Pfefferminzlikör kalt gestellt etwa 1 Woche durchziehen lassen.

Haltbarkeit: gekühlt etwa 4 Wochen.

Pfirsichlimes

etwa 1,4 l

900 g	*reife Pfirsiche*
1	*Zitronenmelissestängel*
200 g	*Rohrzucker*
40 ml	*Rum (54 Vol.-%)*
120 ml	*Weingeist/Ethanol (hochprozentiger Alkohol aus der Apotheke, 90 Vol.-%)*
	Saft von
1/2	*Zitrone*

1. Pfirsiche waschen, abtropfen lassen und in eine Schale oder Schüssel legen. Pfirsiche mit kochendem Wasser übergießen. Nach etwa 1 Minute mit kaltem Wasser abschrecken. Pfirsiche enthäuten, halbieren und die Steine herauslösen. Das Fruchtfleisch in kleine Würfel schneiden.

2. Zitronenmelisse abspülen und trocken tupfen. Die Blättchen von den Stängeln zupfen. Pfirsichwürfel mit Zitronenmelisseblättchen, Rohrzucker, Rum, Weingeist und Zitronensaft in 2 Portionen im Elektromixer zerkleinern bzw. pürieren, bis eine cremige Masse entstanden ist.

3. Die Masse in 2 gründlich gereinigte, gespülte Flaschen füllen und mit je einem Flaschenverschluss fest verschließen. Pfirsichlimes sofort genießen oder im Kühlschrank aufbewahren. Pfirsichlimes vor dem Servieren einmal kräftig durchschütteln.

Tipp: Limes mit gekühltem, trockenen Sekt aufgefüllt servieren.

Haltbarkeit: gekühlt etwa 2 Wochen.

Pflaumen und Walnüsse in Armagnac I

1 Glas zu 1,25 l

250 g Backpflaumen
100 g Walnusskerne
100 g brauner Kandiszucker
6 Wacholderbeeren
1–2 Zimtstangen
700 ml Armagnac (40 Vol.-%) oder Cognac

1. Die Backpflaumen mit Walnusskernen, Kandis, Wacholderbeeren und Zimtstangen in ein gründlich gereinigtes, gespültes Glas geben und mit Armagnac oder Cognac auffüllen.

2. Das Glas verschließen. Die Pflaumen und Walnüsse etwa 2 Wochen bei Zimmertemperatur durchziehen lassen.

Tipp: Pflaumen und Walnüsse in Armagnac schmecken gut zu Pudding und Lebkuchen-Soufflé.

Haltbarkeit: etwa 3 Monate.

Pflaumen-Joghurt-Drink I

4 Portionen (ohne Foto) **Alkoholfrei**

1 Glas Pflaumen (Abtropfgewicht 385 g)
Saft von 1 Zitrone
150 g Vollmilch-Joghurt
250 ml (1/4 l) roter Traubensaft
250 ml (1/4 l) Zitronenlimonade

1. Die Pflaumen mit dem Saft pürieren und durch ein Sieb streichen.

2. Pflaumenpüree mit Zitronensaft, Joghurt, Traubensaft und Zitronenlimonade verrühren.

3. Den Drink in eine Glaskaraffe füllen und kalt stellen.

Pflaumen-Krokant-Likör

etwa 1,4 l

250 g	Zucker
250 ml (1/4 l)	Wasser
700 g	Pflaumen
1/4 gestr. TL	gemahlener Zimt
100 ml	Rum (54 Vol.-%)
300 ml	Doppelkorn (38 Vol.-%)

1. Zucker mit 50 ml des Wassers in einem Topf verrühren, bei mittlerer Hitze zu einer goldgelben Masse einkochen lassen (dabei nicht umrühren, da der Zucker sonst Kristalle bildet, evtl. den Topf leicht schwenken). Den Topf von der Kochstelle nehmen. Die Masse etwa 10 Minuten abkühlen lassen. Restliches Wasser hinzufügen und die Masse bei mittlerer Hitze unter Rühren auflösen. Krokantlösung erkalten lassen.

2. Pflaumen waschen, abtropfen lassen, entstielen, halbieren und entsteinen. Pflaumenhälften in kleine Stücke schneiden und fein pürieren.

3. Pflaumenpüree mit Zimt, Krokantlösung, Rum und Doppelkorn in 2 Portionen in einem Elektromixer oder mit Handrührgerät mit Rührbesen auf höchster Stufe je etwa 3 Minuten mixen bzw. durchrühren.

4. Den Likör in 2 gründlich gereinigte, gespülte Flaschen (0,7 l) füllen, mit je einem Flaschenverschluss fest verschließen und kalt stellen.

Haltbarkeit: gekühlt etwa 14 Tage.

Pillkaller

(im Foto vorne)

2 cl	*eisgekühlter, klarer Getreidekorn*
1 Scheibe	*grobe Hausmacher Leberwurst*
etwas	*scharfer Senf*

1. Korn in ein kleines Schnaps- oder Kelchglas gießen.

2. Leberwurstscheibe ohne Haut auf den Glasrand legen.

3. Einen Klecks Senf auf die Leberwurstscheibe geben.

4. Entweder zuerst die Leberwurst essen und den Korn dazu trinken oder umgekehrt.

Pillkaller Kräuterbissen

(im Foto hinten links)

2 cl	*kalter Kräuterlikör*
1 Scheibe	*Pfeffersalami*
1	*gefüllte, grüne Olive*
1	*Holzspieß*

1. Kräuterlikör in ein kleines Schnaps- oder Kelchglas gießen.

2. Salami und Olive auf den Holzspieß stecken. Den Spieß auf den Glasrand legen.

3. Entweder zuerst die Salami und Olive essen und den Kräuterlikör dazu trinken oder umgekehrt.

Abwandlung: Ersetzen Sie die Olive durch eine kleine Silberzwiebel.

Pimm's No. 1

einige Eiswürfel
5 cl Pimm's No. 1
Zitronenlimonade oder Ginger Ale
1 Bio-Zitronenspalte
1 Gurkenscheibe
1 Holzspieß

1. Die Eiswürfel in ein Glas geben und Pimm's No. 1 darübergießen. Mit gekühlter Zitronenlimonade oder Ginger Ale auffüllen.

2. Eine Zitronen- und Gurkenscheibe auf einen Holzspieß stecken und den Drink damit garnieren.

Tipp: Pimm's No. 1 ist eine Ginspezialität bestehend aus Kräutern, Fruchtextrakten und Chinin.

Piña Colada

4 cl weißer Rum
8 cl Ananassaft
2 cl Cream of Coconut
4 cl Schlagsahne, flüssig
etwas fein zerstoßenes Eis

1 Ananasstück
1 Cocktailkirsche
evtl. etwas Ananasgrün
2 Trinkhalme

1. Rum, Ananassaft, Cream of Coconut und Sahne in einen Elektromixer geben und gut durchmixen.

2. Zerstoßenes Eis in ein Cocktailglas füllen und den Drink daraufgeben.

3. Den Drink mit einem Ananasstück, der Cocktailkirsche und nach Belieben mit Ananasgrün garnieren und mit 2 Trinkhalmen servieren.

Tipp: Piña Colada gibt einer ganzen Gruppe von Cocktails ihren Namen, den Coladas.

Piña-Colada-Likör I

etwa 1,4 l

1 Ananas (etwa 800 g gewogenes Fruchtfleisch)
400 ml ungesüßte Kokosmilch
180 g Rohrzucker
400 ml weißer Rum (37,5 Vol.-%)

1. Von der Ananas Blatt- und Strunkende entfernen. Die Ananas der Länge nach vierteln und den mittleren holzigen Strunk herausschneiden. Ananasviertel schälen und anschließend das Fruchtfleisch in kleine Würfel schneiden.

2. Die Ananaswürfel mit Kokosmilch, Rohrzucker und Rum in einen Elektromixer geben und so lange mixen, bis eine cremige Masse entstanden ist. Oder die Ananaswürfel fein pürieren und mit den restlichen Zutaten mit Handrührgerät mit Rührbesen verrühren, bis der Zucker gelöst ist.

3. Piña-Colada-Likör in gründlich gereinigte, gespülte Flaschen füllen und mit einem Flaschenverschluss fest verschießen. Likör sofort genießen oder im Kühlschrank aufbewahren.

Tipp: Kokosmilch können Sie auch selbst herstellen: Kochen Sie dafür 100 g Kokosraspel mit 400 ml Milch unter ständigem Rühren auf. Lassen Sie die Kokosmilch erkalten und gießen Sie die Milch dann durch ein Sieb ab.

Haltbarkeit: gekühlt 1–2 Wochen.

Pink Baby

etwas Zitronensaft
etwas rosa Zucker

4 cl Dry Gin
1 Barlöffel Eiweiß
1 Barlöffel Zitronensaft
1 Barlöffel Grenadinesirup
einige Eiswürfel

1. Den Rand eines Ballon- oder Weinglases zuerst in Zitronensaft, dann in Zucker tauchen.

2. Gin, Eiweiß, Zitronensaft, Grenadinesirup und einige Eiswürfel in einen Shaker geben und kräftig schütteln.

3. Den Drink durch ein Barsieb in das Glas abseihen und servieren.

Hinweis: Nur ganz frisches Eiweiß verwenden, das nicht älter als 5 Tage ist (Legedatum beachten).

Pink Limonade

Alkoholfrei

4 Portionen

1 l Mineralwasser ohne Kohlensäure
100–150 g Zucker
1 Prise Salz
10–20 ml Zitronensaft
50 ml Grenadinesirup

1. Das Wasser, Zucker und Salz in einem Topf zum Kochen bringen. Den Topf von der Kochstelle nehmen. Zuckerwasser abkühlen lassen und in einen Glaskrug geben.

2. Den Glaskrug mit Frischhaltefolie zugedeckt etwa 2 Stunden in den Kühlschrank stellen.

3. Zitronensaft und Grenadinesirup unterrühren.

Tipp: Sie können die Limonade in einer gründlich gereinigten, verschließbaren Flasche etwa 3 Tage aufbewahren.

Plaisir I

3 cl	*weißer Rum*
2 cl	*Peach Brandy*
1 Barlöffel	*Orangensaft*
1 Barlöffel	*Zitronensaft*
1 Spritzer	*Angostura Bitter*
einige	*Eiswürfel*
1	*Cocktailkirsche*

1. Den Rum, Peach Brandy, Orangensaft, Zitronensaft, Angostura und einige Eiswürfel in einen Shaker geben und kräftig schütteln.

2. Den Drink durch ein Barsieb in ein Cocktailglas abseihen. Die Cocktailkirsche hinzufügen.

Tipp: Karambolescheiben, Kiwischeiben und Cocktailkirschen auf einen Cocktailspieß spießen und über den Glasrand legen.

Planter's Punch I

2 cl Zitronen- oder Limettensaft
8 cl Orangensaft
1 cl Grenadinesirup
4 cl brauner Rum
2 cl weißer Rum
einige Eiswürfel

1 Bio-Orangenscheibe
1 Maraschinokirsche
evtl. 1 Trinkhalm

1. Zitronen- oder Limettensaft, Orangensaft, Grenadinesirup, Rum und einige Eiswürfel in einen Shaker geben und kräftig schütteln.

2. Den Drink durch ein Barsieb in ein zur Hälfte mit Eiswürfeln gefülltes Longdrinkglas abseihen.

3. Den Drink mit einer Orangenscheibe und Maraschinokirsche garnieren.

4. Planter`s Punch nach Belieben mit einem Trinkhalm servieren.

Pretty in Pink

Alkoholfrei

2–3 EL	*verlesene Himbeeren*
1 leicht geh. TL	*Traubenzucker oder Zucker*
4 cl	*Himbeersirup*
150 ml	*Milch*
einige	*Eiswürfel*
1	*Minzezweig*
2	*verlesene Himbeeren*
1	*Trinkhalm*

1. Himbeeren mit Traubenzucker oder Zucker, Sirup und gut gekühlter Milch in einen Elektromixer geben und gut durchmixen.

2. Den Shake in ein zur Hälfte mit Eiswürfeln gefülltes Fancy- oder Longdrinkglas füllen. Mit einem Minzezweig und Himbeeren garnieren und mit einem Trinkhalm servieren.

Tipps: Für eine alkoholische Variante den Shake statt mit Himbeersirup mit Cassis-Likör zubereiten. Anstelle der Eiswürfel kann auch eine Kugel Himbeereis oder Vanilleeis in das Glas gegeben werden.

Prickelnde Orangenbowle I

4 Portionen

Alkoholfrei

4 Orangen
1 l Apfelsaft
gut 250 ml (1/4 l) Mineralwasser mit Kohlensäure

1. Orangen schälen und in Spalten teilen. Orangenspalten in Stücke schneiden, in einen Glaskrug geben und anschließend etwa 15 Minuten in den Kühlschrank stellen.

2. Gut gekühlten Apfelsaft und gut gekühltes Mineralwasser hinzugießen und gut umrühren. Die Bowle in Gläser füllen und servieren.

Punsch I

etwa 2,6 l

10	*Bio-Zitronen (unbehandelt, ungewachst)*
500 g	*Farinzucker*
1 l	*Wasser*
500 ml (1/2 l)	*Rum (40 Vol.-%)*
250 ml (1/4 l)	*Cognac*

1. Die Zitronen heiß abwaschen, abtrocknen und die Schale jeweils dünn abschneiden.

2. Die Zitronen halbieren und den Saft auspressen.

3. Die Zitronenschalen mit dem Farinzucker in einer Schüssel kräftig verreiben, damit sich die ätherischen Öle aus den Schalen lösen.

4. Wasser zum Kochen bringen und über die gezuckerten Zitronenschalen gießen. Zitronensaft hinzugießen und mit Zucker abschmecken.

5. Rum und Cognac hinzugießen. Die Zutaten erhitzen und in gründlich gereinigte, gespülte, gut verschließbare Flaschen abfüllen. Den Punsch 1–2 Tage kalt gestellt durchziehen lassen.

6. Den Punsch aufkochen und heiß servieren.

Pussy Cat |

Alkoholfrei

2 cl Grenadinesirup
4 cl Orangensaft
4 cl Ananassaft
einige Eiswürfel
10 cl alkoholfreier Sekt

1 Bio-Orangescheibe

1. Grenadinesirup mit Orangen- und Ananassaft in ein zur Hälfte mit Eiswürfeln gefülltes Longdrinkglas geben und gut verrühren. Gekühlten Sekt hinzugießen.

2. Das Getränk mit einer Orangenscheibe garnieren.

Tipp: Grenadinesirup ist ein tiefroter Fruchtsirup aus Granatapfelsaft. Er gibt eine intensive Färbung und ein süßsaures Aroma.

Quittenlikör mit Weinbrand und Vanille

etwa 3 1/2 l

1 1/2 kg Quitten
1 l Wasser
1 kg Zucker
1 Vanilleschote
2 l Weinbrand (43 Vol.-%)

1. Quitten mit einem Küchentuch abreiben, damit der pelzige Flaum verschwindet. Quitten schälen, halbieren, entkernen und in Spalten schneiden.

2. Das Wasser und Zucker in einem Topf zum Kochen bringen. Quittenhälften hinzugeben und 1–1 1/2 Stunden bei schwacher Hitze kochen lassen. Etwa 30 Minuten vor Ende der Garzeit Vanilleschote halbieren. Das Mark mit einem Messerrücken herausschaben und zu den Quittenhälften geben. Die Vanilleschote beiseitelegen. Den Topf von der Kochstelle nehmen. Quittenhälften etwas abkühlen lassen und den Weinbrand unterrühren.

3. Den Quittenlikör und die beiseitegelegte Vanilleschote in ein großes, gründlich gereinigtes, gespültes Glas füllen. Das Glas gut verschließen. Den Likör etwa 4 Wochen bei Zimmertemperatur durchziehen lassen. Dann durch ein feines Sieb gießen, in 3–5 gründlich gereinigte, gespülte Flaschen füllen und fest verschließen. Den Likör gekühlt aufbewahren.

Tipps: Nach dem Abfüllen des Likörs die Vanilleschote klein schneiden und mit in die Flaschen geben. Die Schote verleiht dem Likör zusätzlich ein tolles Vanillearoma. Die eingelegten und herausgefilterten Quitten schmecken sehr gut zu einem Dessert, z.B. zu einem Vanille-Pudding.

Haltbarkeit: gekühlt 6–12 Monate.

Red Balloon

etwas	fein zerstoßenes Eis
	Saft von
1/2	Zitrone
4 cl	Arrak
2 cl	Rum
1 cl	Grenadinesirup
2	Bananenscheiben
3	Cocktailkirschen
1	Zitronenmelissezweig
1	Cocktailsticker

1. Ein Ballonglas zur Hälfte mit fein zerstoßenem Eis füllen. Zitronensaft, Arrak, Rum und Grenadinesirup hinzufügen und umrühren.

2. Bananenscheiben, Cocktailkirschen und einen abgespülten und trocken getupften Zitronenmelissezweig auf einen Cocktailsticker spießen und über den Glasrand legen.

Red Bird

Alkoholfrei

4 Portionen

75 ml	Himbeersirup
200 g	Schlagsahne, flüssig
4 Kugeln	Himbeereis
	Saft von
1	Zitrone
einige	Eiswürfel
	Mineralwasser mit Kohlensäure
einige	Himbeeren
einige	Himbeerblättchen
4 Kugeln	Himbeereis

1. Himbeersirup mit Sahne, Himbeereis, Zitronensaft und Eiswürfeln in einen Elektromixer geben, gut durchmixen. Das Getränk in 4 Cocktail- oder Sektschalen füllen und mit gekühltem Mineralwasser auffüllen.

2. Glasränder mit verlesenen Himbeeren und abgespülten und trocken getupften Himbeerblättchen garnieren. Je 1 Kugel Eis ins Glas geben und servieren.

Red Dream

Alkoholfrei

1 Barlöffel Grenadinesirup
5 cl Holunderbeersaft
5 cl Orangensaft
einige Eiswürfel
Cola
evtl. 1 Trinkhalm

1. Genadinesirup mit Holunderbeer- und Orangensaft verrühren, in ein zur Hälfte mit Eiswürfeln gefülltes Longdrinkglas geben.

2. Das Glas mit gekühlter Cola auffüllen.

3. Den Drink nach Belieben mit einem Trinkhalm servieren.

Red Sunset

Alkoholfrei

4 Portionen

20	*Himbeeren*
500 ml (1/2 l)	*warmer, schwarzer Tee*
4 TL	*Himbeergelee*
	Saft von
1	*Zitrone*
etwas	*gemahlener Zimt*

1. Die Himbeeren verlesen, mit Wasser in einen Eiswürfelbehälter geben und im Gefrierschrank gefrieren lassen.

2. Den Tee mit Gelee und Zitronensaft gut verrühren, mit Zimt würzen. Den Tee kalt stellen.

3. Die Himbeer-Eiswürfel in 4 Gläser verteilen. Die Gläser mit Tee auffüllen.

Rose

3 cl	*Kirschwasser*
3 cl	*trockener Wermut*
2 Spritzer	*Grenadinesirup*
einige	*Eiswürfel*
1	*Cocktailkirsche*

1. Kirschwasser, Wermut, Grenadinesirup und einige Eiswürfel in einem Rührglas verrühren.

2. Den Drink durch ein Barsieb in eine kleine Cocktailschale abseihen. Die Cocktailkirsche in die Cocktailschale geben.

Rosenbowle

10–12 Portionen

5 süß duftende, rote oder rosa Rosen (ungespritzt)
2 EL Zucker
2,1 l trockener Weißwein
700 ml trockener oder halbtrockener Sekt

1. Die Blütenblätter vorsichtig von den Rosenblüten abzupfen, evtl. vorsichtig abspülen und trocken tupfen. Rosenblätter in ein Bowlengefäß geben, Zucker hinzufügen.

2. Einen Liter gekühlten Wein hinzugießen, vorsichtig umrühren. Die Bowle etwa 1 Stunde kalt stellen.

3. Vor dem Servieren den restlichen, gekühlten Wein und gut gekühlten Sekt hinzugießen.

Tipp: Legen Sie zum Garnieren vor dem Servieren der Rosenbowle eine schöne ungespritzte Rosenblüte in die Bowle.

Rote-Grütze-Likör

etwa 1 ½ l

500 g Sauerkirschen
300 g Erdbeeren
150 g schwarze Johannisbeeren
150 g rote Johannisbeeren
250 g Grümmel-Kandis
1 l Doppelkorn (38 Vol.-%)
1 Zimtstange
Saft von
1 Zitrone

1. Kirschen, Erdbeeren und schwarze und rote Johannisbeeren waschen, gut abtropfen lassen und entstielen. Kirschen entsteinen.

2. Früchte in ein gründlich gereinigtes, gespültes hohes Glas (2 l) füllen.

3. Grümmel-Kandis auf die Früchte geben und den Korn in das Glas gießen. Die Früchte müssen vollständig mit dem Alkohol bedeckt sein. Zimtstange und Zitronensaft hinzufügen und die Zutaten einmal gut durchrühren.

4. Das Glas mit einem Deckel fest verschließen und kalt gestellt 6–8 Wochen durchziehen lassen, in der ersten Woche 2–3-mal umrühren.

5. Rote-Grütze-Likör nach Belieben in kleinere Gläser oder Flaschen mit einem dickeren Flaschenhals umfüllen. Gläser oder Flaschen fest verschließen und kalt stellen.

Tipp: Der Rote-Grütze-Likör kann mit oder ohne Früchte genossen werden.

Haltbarkeit: gekühlt etwa 6 Monate.

Rote Marie

Alkoholfrei

4 Portionen

250 ml (1/4 l) Rote-Bete-Saft
250 ml (1/4 l) Möhrensaft
2 EL frisch gepresster Zitronensaft
etwas frisch gemahlener Pfeffer
einige Eiswürfel

1. Rote-Bete-, Möhren- und Zitronensaft mit Pfeffer verrühren.

2. Eiswürfel in 4 Gläser verteilen. Die Gläser mit dem Saft auffüllen.

Tipp: Die Glasränder nach Belieben mit Gurkenstückchen garnieren.

Roter Johannisbeerlikör

etwa 1,4 l

300 g	*rote Johannisbeeren*
200 g	*brauner Kandiszucker*
1 TL	*Dr. Oetker Finesse Natürliches Orangenschalen-Aroma*
200 ml	*Grenadinesirup*
700 ml	*Weinbrand (38 Vol.-%)*

1. Die Johannisbeeren waschen, gut abtropfen lassen und entstielen. Die Johannisbeeren zu gleichen Teilen in 2 gründlich gereinigte, gespülte Flaschen füllen. Je die Hälfte der restlichen Zutaten hinzufügen. Die Flaschen fest verschließen, gründlich durchschütteln.

2. Die Flaschen kalt stellen. Den Likör 4–6 Wochen durchziehen lassen. Die Flaschen in den ersten Tagen gut schütteln, bis sich der Kandis aufgelöst hat.

Tipp: Den Likör nach Belieben filtern oder mit den Früchten genießen.

Haltbarkeit: gekühlt etwa 2 Monate.

Roter Traum

Alkoholfrei

4 Portionen (ohne Foto)

5 leicht geh. TL	*aromatisierter loser Tee (z. B. Erdbeere)*
375 ml (3/8 l)	*kochendes Wasser*
2 EL	*Akazienhonig*
4 EL	*Erdbeersirup*
	Saft von
1	*Zitrone*
300 g	*vorbereitete Erdbeeren*

1. Tee mit kochendem Wasser übergießen, etwa 10 Minuten ziehen lassen und durch ein Sieb gießen.

2. Akazienhonig, Erdbeersirup und Zitronensaft hinzufügen, kalt stellen. Erdbeeren in einen Elektromixer geben, pürieren und unter den Tee rühren. Tee durch ein Sieb geben und in einer Glaskaraffe servieren.

Rotweinpflaumen mit grünem Pfeffer

1 1/2–2 l

1 kg Pflaumen
1/2 Vanilleschote
3 TL grüne Pfefferkörner
2 Thymianstängel
3 Lorbeerblätter
350 g brauner Kandiszucker
1 l trockener Rotwein

1. Die Pflaumen waschen, abtrocknen, halbieren und entsteinen. Die Pflaumen mehrmals mit einer Nadel einstechen.

2. Vanilleschotenhälfte längs halbieren und das Mark herausschaben. Vanilleschote beiseitelegen.

3. Vanillemark mit Pflaumen, Pfefferkörnern, Thymian, Lorbeerblättern und der beiseitegelegten Vanilleschote in ein gründlich gereinigtes, gespültes, großes Glas geben. Kandis hinzugeben und mit Rotwein übergießen.

4. Das Glas fest verschließen. Die Pflaumen kalt und dunkel gestellt etwa 2 Monate durchziehen lassen.

Tipp: Rotweinpflaumen mit grünem Pfeffer passen gut zu Grießpudding oder Vanilleeis.

Haltbarkeit: gekühlt etwa 12 Monate.

Rumtopf I

1 Gefäß zu 7 l

Im Juni:

600 g Erdbeeren
300 ml Rum (54 Vol.-%)
200 g Zucker

1. Erdbeeren putzen, waschen, abtropfen lassen und entstielen. Große Früchte halbieren oder vierteln und in einen gründlich gereinigten und gespülten Rumtopf (7 l) füllen.

2. Rum und Zucker vermischen, über die Früchte geben, zudecken und kühl stellen.

Im Juli:

600 g Süßkirschen
600 g Aprikosen
600 g Pfirsiche
300 ml Rum (54 Vol.-%)
200 g Zucker

3. Süßkirschen waschen, abtropfen lassen, entstielen und entsteinen. Die Aprikosen und Pfirsiche waschen, abtropfen lassen, halbieren, entsteinen, kurze Zeit in kochendes Wasser legen (nicht kochen lassen), enthäuten, in Stücke schneiden und erkalten lassen.

4. Die Früchte in den Rumtopf geben, Rum und Zucker vermischen, über die Früchte geben, zudecken und kühl stellen.

Im August:

600 g Sauerkirschen
600 g Mirabellen
600 g Pflaumen
300 ml Rum (54 Vol.-%)
200 g Zucker

5. Sauerkirschen waschen, abtropfen lassen, entstielen und entsteinen. Mirabellen waschen, kleine Früchte ganz lassen, große halbieren und entsteinen. Pflaumen waschen, abtropfen lassen, entstielen, entsteinen und enthäuten.

6. Die Früchte in den Rumtopf geben, Rum und Zucker vermischen, über die Früchte geben, zudecken und kühl stellen.

Im September:

600 g Birnen
wenig Zuckerlösung
300 ml Rum (54 Vol.-%)
200 g Zucker

7. Birnen waschen, schälen, achteln und entkernen. Birnen in Zuckerlösung dünsten, abtropfen und erkalten lassen.

8. Die Früchte in den Rumtopf geben, Rum und Zucker vermischen, über die Früchte geben, zudecken und kühl stellen.

Im Oktober:

600 g grüne und blaue Weintrauben
600 g Ananas
300 ml Rum (54 Vol.-%)
200 g Zucker

9. Die Weintrauben waschen, entstielen, halbieren und entkernen. Von der Ananas Blatt- und Strunkende entfernen. Ananas schälen, vierteln und den mittleren, holzigen Strunk herausschneiden. Ananasviertel zuerst in Scheiben, dann in kleine Stücke schneiden.

10. Die Früchte in den Rumtopf geben, Rum und Zucker vermischen, über die Früchte geben, zudecken und kühl stellen.

Tipps: Der Flüssigkeitsspiegel muss immer 1 cm hoch über den Früchten stehen (Früchte am besten mit einem Teller beschweren). Rumtopf gut verschließen, kühl und dunkel aufbewahren, bei jeder Fruchtzugabe vorsichtig durchrühren. Nur frische, tadellose Früchte für einen Rumtopf verwenden!

Safran-Birnen

etwa 2 1/2 l

1 1/2 kg	reife, feste Birnen
etwa 150 ml	Essigwasser (etwa 50 ml Weißweinessig und etwa 100 ml Wasser)
1	Bio-Zitrone (unbehandelt, ungewachst)
750 ml (3/4 l)	trockener Weißwein
2 EL	Zucker
1 Döschen	Safran (0,2 g)
2	Zimtstangen
8	Gewürznelken
250 ml (1/4 l)	Wasser
1 Msp.	Zitronensäure (etwa 1 g)

1. Birnen waschen, abtrocknen, schälen, halbieren, entstielen und entkernen. Die Birnenhälften mit Essigwasser übergießen, sodass sie ganz mit dem Essigwasser bedeckt sind.

2. Zitrone heiß abwaschen, abtrocknen und die Schale mit einem Sparschäler dünn abschneiden. Zitronenschale in feine Streifen schneiden. Zitrone halbieren und den Saft auspressen.

3. Weißwein, Zucker, Zitronenschale, -saft, Safran, Zimtstangen und Nelken in einem Topf zum Kochen bringen. Die Birnenhälften aus dem Essigwasser nehmen, in die Weinflüssigkeit legen (evtl. in 2 Portionen) und zum Kochen bringen. Birnenhälften 5–8 Minuten bei schwacher Hitze ziehen lassen.

4. Die Birnenhälften mit einer Schaumkelle aus der Weinflüssigkeit nehmen und in gründlich gereinigte, gespülte Gläser geben.

5. Wasser zu der Weinflüssigkeit in den Topf geben und zum Kochen bringen, Zitronensäure unterrühren.

6. Die Birnenhälften sofort mit der heißen Weinflüssigkeit übergießen, sodass sie ganz mit der Flüssigkeit bedeckt sind. Die Gläser mit den Deckeln verschließen und erkalten lassen. Die Safran-Birnen kalt gestellt aufbewahren.

Haltbarkeit: gekühlt 2–4 Monate.

Salute

4 cl weißer Wermut
2 cl roter Wermut
1 cl Gin
1 cl Campari
1 cl schwarzer Johannisbeersirup
einige Eiswürfel
4 cl Sodawasser

1/4 Bio-Limettenscheibe

1. Wermut, Gin, Campari, Johannisbeersirup und einige Eiswürfel in einen Shaker geben und kräftig schütteln.

2. Den Drink in ein mit 2–3 Eiswürfeln gefülltes Cocktailglas abseihen. Mit gekühltem Sodawasser auffüllen und mit der Limettenscheibe garnieren.

Tipp: Den Drink nach Belieben noch mit einer Bio-Orangenscheibe und einem abgespülten und trocken getupften Minzezweig garnieren.

Sangria-Bowle

10 Portionen

3 Pfirsiche
3 Bio-Orangen (unbehandelt, ungewachst)
2 Bio-Zitronen (unbehandelt, ungewachst)
8 cl Cointreau
8 cl spanischer Brandy
8 cl Portwein
2–2 1/2 l spanischer Rotwein

1. Pfirsiche kurze Zeit in kochendes Wasser legen (nicht kochen lassen), in kaltem Wasser abschrecken, enthäuten, halbieren und jeweils den Stein herauslösen. Pfirsichhälften in kleine Stücke schneiden und in eine Karaffe geben.

2. Die Orangen und Zitronen heiß abwaschen und abtrocknen. Jeweils von 1 Orange und Zitrone die Schale spiralförmig abschneiden.

3. Restliche Orangen und Zitrone mit einem scharfen Messer so schälen, dass die weiße Haut vollständig entfernt wird.

4. Das Fruchtfleisch in kleine Stücke schneiden und zu den Pfirsichstücken in die Karaffe geben.

5. Cointreau, Brandy und Portwein hinzugeben. Die Karaffe mit den Früchten einige Stunden in den Kühlschrank stellen.

6. Die Früchte mit gekühltem Rotwein auffüllen und die Orangen- und Zitronenspirale in die Karaffe hängen.

Sangria-Likör

etwa 1 l

5 Orangen
1 Zitrone
2 Pfirsiche
250 ml (1/4 l) Weinbrand (40 Vol.-%)
120 g Zucker
3 Gewürznelken
1 Zimtstange

1. Drei der Orangen so schälen, dass die weiße Haut mitentfernt wird. Orangen halbieren und in etwa 1 cm breite Scheiben schneiden. Orangenscheiben in ein gründlich gereinigtes, gespültes Glas (1 l) legen.

2. Die restlichen 2 Orangen und die Zitrone halbieren und jeweils den Saft auspressen. Pfirsiche waschen, abtrocknen, halbieren und entsteinen. Pfirsichhälften in schmale Spalten schneiden und mit in das Glas legen.

3. Den Orangen- und Zitronensaft mit Weinbrand und Zucker verrühren, bis sich der Zucker aufgelöst hat. Dann Nelken und Zimtstange hinzufügen. Die Flüssigkeit über die Früchte in das Glas gießen und einmal gut durchrühren.

4. Das Glas mit einem Deckel fest verschließen und kalt gestellt etwa 1 Woche durchziehen lassen.

Tipp: Sie können den Sangria-Likör pur genießen oder mit einem leichten trockenen Rotwein aufgegossen servieren.

Haltbarkeit: gekühlt etwa 3 Wochen.

Sauerkirschen in Rum I

1 Glas zu 1,25 l

1 kg Sauerkirschen
500 g Zucker
1 Vanilleschote
etwa 350 ml Rum (54 Vol.-%)

1. Kirschen waschen, gut abtropfen lassen, entstielen und entsteinen. Die Kirschen in ein gründlich gereinigtes, gespültes, verschließbares Glas (1,25 l) geben und mit dem Zucker vermischen. Das Glas verschließen. Die Kirschen etwa 1 Stunde Saft ziehen lassen.

2. Vanilleschote längs aufschneiden, in 3–4 Stücke schneiden und mit dem Rum in das Glas geben. Die Kirschen müssen vollständig mit dem Rum bedeckt sein. Die Zutaten gut durchrühren.

3. Das Glas fest verschließen. Die Kirschen etwa 2 Wochen durchziehen lassen.

Tipp: Zum Verschenken die Sauerkirschen nach der Durchziehzeit mit dem Rum in kleinere dekorative Gläser umfüllen.

Haltbarkeit: 2–3 Monate.

Saurer Paul I

etwa 700 ml

100 ml frisch gepresster Limettensaft
100 ml frisch gepresster Zitronensaft
50 ml Ananassaft oder Orangensaft
50 ml Grapefruitsaft
100 g Zucker
250 ml (1/4 l) Wodka
evtl. 2–4 cl Blue Curaçao

1. Limettensaft mit Zitronen-, Ananas- oder Orangen-, Grapefruitsaft und Zucker in einem Topf unter Rühren erhitzen, bis sich der Zucker vollständig gelöst hat.

2. Die Saft-Zucker-Lösung zugedeckt vollständig erkalten lassen.

3. Danach den Wodka in die erkaltete Saft-Zucker-Lösung geben.

4. Nach Belieben zur grünlichen Färbung etwas Blue Curaçao hinzufügen.

5. Den Likör in eine gründlich gereinigte, gespülte Flasche (0,7 l) abfiltern und die Flasche gut verschließen.

Haltbarkeit: gut gekühlt etwa 1 Monat.

Scarlett O'Hara Cocktail I

4 cl Whiskey
1 cl Limettensaft
5 cl Cranberry-Saft
einige Eiswürfel
5 cl Ginger Ale

evtl. 1 Physalis (Kapstachelbeere)

1. Whiskey, Limettensaft, Cranberry-Saft und einige Eiswürfel in ein Longdrinkglas geben und verrühren.

2. Ginger Ale hinzugießen und nochmals vorsichtig umrühren.

3. Nach Belieben eine Physalis abspülen, trocken tupfen und am unteren Ende leicht einschneiden. Physalis auf den Glasrand stecken und den Drink servieren.

Scharfe Lola

Alkoholfrei

300 g Erdbeeren
125 ml (1/8 l) Kiwi-Zitrus-Saft
8 Zitronenmelisseblättchen
4 EL Zitronensaft
etwas Zitronenpfeffer
1 TL grüne Pfefferkörner, in Lake

1 vorbereitete Erdbeere
einige Erdbeerblätter
2 Trinkhalme

1. Erdbeeren putzen, waschen, abtropfen lassen, entstielen und in einen Elektromixer geben. Saft, abgespülte und trocken getupfte Melisseblättchen, Zitronensaft, Zitronenpfeffer und abgetropfte Pfefferkörner hinzufügen. Die Zutaten pürieren.

2. Das Getränk in ein großes Longdrinkglas (0,4 l) füllen. Den Glasrand mit Erdbeeren und abgespülten und trocken getupften Erdbeerblättern garnieren. Mit 2 Trinkhalmen servieren.

Tipp: Sie können statt der Erdbeerblätter auch Zitronenmelisseblättchen zum Garnieren verwenden.

Schnelle Tutti-Frutti-Bowle

12 Portionen

1 kg Fruchtcocktail (aus der Dose)
700 ml trockener Weißwein
1,4 l trockener oder halbtrockener Sekt

1. Fruchtcocktail mit dem Saft in ein Bowlengefäß geben.

2. Gut gekühlten Wein hinzugießen. Die Mischung bis kurz vor dem Servieren kalt stellen.

3. Vor dem Servieren den gut gekühlten Sekt hinzugießen. Die Bowle vorsichtig umrühren.

Schokoladenlikör

etwa 1,4 l

150 g	*Zartbitter-Kuvertüre*
250 g	*Schlagsahne*
500 g	*Joghurt (3,5 % Fett)*
120 g	*gesiebter Puderzucker*
1 TL	*Dr. Oetker Finesse Natürliches Orangenschalen-Aroma*
1 Pck.	*Dr. Oetker Vanillin-Zucker*
300 ml	*Weinbrand (36 Vol.-%)*
75 ml	*Weingeist/Ethanol (hochprozentiger Alkohol aus der Apotheke, 90 Vol.-%)*

1. Kuvertüre in kleine Stücke hacken, in einem kleinen Topf im heißen Wasserbad bei schwacher Hitze unter Rühren schmelzen. Die Schokoladenmasse mit Sahne verrühren und etwas abkühlen lassen.

2. Die Schokoladensahne mit Joghurt, Puderzucker, Orangenschalen-Aroma und Vanillin-Zucker in einem Elektromixer oder mit Handrührgerät mit Rührbesen gut durchmixen bzw. durchrühren.

3. Weinbrand und Weingeist hinzufügen, nochmals gut durchmixen bzw. durchrühren.

4. Den Schokoladenlikör in 2 gründlich gereinigte, gespülte Flaschen (0,7 l) füllen, mit je einem Flaschenverschluss fest verschließen und kalt stellen.

Haltbarkeit: gekühlt etwa 7 Tage.

Schoko-Minz-Likör

etwa 1 l

100 g	*Schoko-Minz-Täfelchen*
100 g	*gesiebter Puderzucker*
400 g	*Schlagsahne*
500 ml (1/2 l)	*Wodka (40 Vol.-%)*

1. Schoko-Minz-Täfelchen in kleine Stücke hacken. Mit Puderzucker und Sahne in einem kleinen Topf im heißen Wasserbad bei schwacher Hitze unter Rühren schmelzen. Den Topf von der Kochstelle nehmen. Die Masse etwas abkühlen lassen.

2. Den Wodka hinzufügen und mit Handrührgerät mit Rührbesen gut verrühren.

3. Schoko-Minz-Likör in gründlich gereinigte, gespülte Flaschen füllen, fest verschließen und kalt stellen. Der Likör kann sofort getrunken werden.

Tipp: Für einen **Schoko-Chili-Likör** 2 abgespülte und trocken getupfte, rote Chilischoten 2 Wochen in Wodka einlegen. Anschließend den aromatisierten Wodka wie im Rezept beschrieben verarbeiten.

Haltbarkeit: gekühlt 3–6 Monate.

Schorle-Morle

6 Portionen

1	*Bio-Zitrone (unbehandelt, ungewachst)*
1–2 EL	*feiner Zucker*
700 ml	*Weißwein (Mosel)*
700 ml	*Mineralwasser mit Kohlensäure*
einige	*Eiswürfel*

1. Die Zitrone heiß abwaschen und abtrocknen. Die Schale mit einem scharfen Messer spiralförmig abschneiden und an den Rand eines Bowlengefäßes hängen.

2. Zitrone in dünne Scheiben schneiden, vierteln und in das Bowlengefäß geben. Zucker hinzufügen.

3. Gekühlten Wein und gekühltes Mineralwasser hinzufügen. Die Bowle mit einigen Eiswürfeln servieren.

Schottenkaffee I

4 Portionen

200 g	*Schlagsahne*
2 EL	*brauner Kandiszucker*
2 TL	*flüssiger Honig*
150 ml	*schottischer Whisky*
500 ml (1/2 l)	*starker Kaffee*
etwas	*frisch geriebene Muskatnuss*

1. Den Backofen vorheizen.
Ober-/Unterhitze: 180–200 °C
Heißluft: 160–180 °C

2. Sahne halb steif schlagen und in den Kühlschrank stellen.

3. Kandiszucker und Honig in 4 feuerfeste Tassen verteilen.

4. Danach die Tassen etwa 10 Minuten auf dem Rost in den vorgeheizten Backofen schieben, damit sich der Zucker auflöst.

5. Die Tassen aus dem Backofen nehmen und auf Untertassen stellen. Whisky in den Tassen verteilen, anzünden und etwa 2 Minuten brennen lassen, mit Kaffee ablöschen.

6. Die Tassen mit Kaffee auffüllen und jeweils eine Sahnehaube daraufsetzen.

7. Mit etwas Muskat bestreut sofort servieren.

Schwarze Walnüsse I

1 Glas zu 2 l

700 g grüne Walnüsse
200 ml Wasser
600 g Zucker
700 ml Weinbrand (36 Vol.-%)

1. Die Walnüsse mit kaltem Wasser begießen und die Nüsse unter Wasser mit einer Nadel mehrmals einstechen (um keine schwarzen Finger zu bekommen, Gummihandschuhe tragen).

2. Die Walnüsse bleiben 10 Tage im Wasser liegen, dabei wird 2-mal täglich das Wasser gewechselt.

3. Am 11. Tag die Walnüsse abgießen und anschließend mit kochendem Wasser übergießen. Die Nüsse abtropfen lassen.

4. Wasser mit Zucker in einem großen Topf zum Kochen bringen. Die Walnüsse darin etwa 50 Minuten kochen, gelegentlich umrühren. Nüsse in der Zuckerlösung etwas abkühlen lassen und dann in ein vorbereitetes Glas (2 l) füllen und erkalten lassen. Das Glas fest verschließen und kalt gestellt etwa 4 Tage stehen lassen.

5. Walnüsse abgießen, dabei die Zuckerlösung auffangen. Zuckerlösung in einen Topf geben, zum Kochen bringen und etwa 5 Minuten kochen lassen.

6. Die heiße Zuckerlösung über die Walnüsse geben und erkalten lassen. Weinbrand unter Rühren hinzugießen. Das Glas wieder fest verschließen. Die Walnüsse kalt gestellt 2 Monate durchziehen lassen.

Tipps: Grüne Walnüsse werden Mitte bis Ende Juni geerntet. Die innere Schale der Walnüsse muss noch weich sein. Schwarze Nüsse schmecken pur, passen gut als Beilage zu Wildgerichten, aber auch mit Vanillepudding als Dessert. Oder belegen Sie mit Frischkäse bestrichene Kräcker mit in Scheiben geschnittenen schwarzen Walnüssen.

Haltbarkeit: etwa 6 Monate.

Schwipsbeeren

etwa 1 1/2 l

500 g Heidelbeeren
125 ml (1/8 l) Wasser
450 g Zucker
750 ml (3/4 l) Weinbrand

1. Heidelbeeren verlesen, vorsichtig waschen und abtropfen lassen.

2. Wasser mit Zucker in einem Topf unter Rühren aufkochen. Den Topf von der Kochstelle nehmen. Heidelbeeren unterrühren und erkalten lassen.

3. Die Heidelbeeren in ein gründlich gereinigtes Glas geben und mit Weinbrand übergießen, sodass die Heidelbeeren ganz bedeckt sind. Das Glas verschließen. Die Heidelbeeren einige Wochen durchziehen lassen.

Haltbarkeit: gekühlt 4–6 Monate.

Scottish Grog

4–5 cl Drambuie
2 EL Zucker
Saft von
1/2 Zitrone
etwas kochendes Wasser

1. Drambuie, Zucker und Zitronensaft in einem vorgewärmten Grogglas gut verrühren.

2. Den Grog mit kochendem Wasser auffüllen und sofort servieren.

Seabreeze I

4 cl Wodka
5 cl Preiselbeersaft
5 cl Grapefruitsaft
einige Eiswürfel

1. Wodka, Preiselbeer-, Grapefruitsaft und einige Eiswürfel in einen Shaker geben und kräftig schütteln.

2. Den Drink durch ein Barsieb in ein zur Hälfte mit Eiswürfeln gefülltes Longdrinkglas abseihen und danach sofort servieren.

Sekt-Flip

1	Eigelb
1 Barlöffel	Puderzucker
5 cl	Weißwein
einige	Eiswürfel
	Sekt

1. Eigelb, Puderzucker, Wein und einige Eiswürfel in einen Shaker geben und kräftig schütteln. Den Drink durch ein Barsieb in ein Cocktailglas abseihen. Mit gekühltem Sekt auffüllen.

Hinweis: Nur ein ganz frisches Eigelb verwenden, das nicht älter als 5 Tage ist (Legedatum beachten).

Smoky Martini

4 cl Gin
1 cl Vermouth Dry
1 cl rauchiger Malt Whisky
einige Eiswürfel
1 Olive

1. Gin mit Martini und Whisky in ein mit Eiswürfeln gefülltes Rührglas geben und schnell kalt rühren.

2. Den Cocktail durch ein Barsieb in ein Cocktailglas abseihen. Die Olive in den Cocktail legen und den Cocktail servieren.

Soft Lady

4 cl Dry Gin
2 cl Aprikosenlikör
2 cl Zitronensaft
einige Eiswürfel
1 Bio-Orangenscheibe

1. Den Gin, Likör, Zitronensaft und einige Eiswürfel in einem Rührglas verrühren.

2. Den Drink durch ein Barsieb in einen mit 2–3 Eiswürfeln gefüllten kleinen Tumbler abseihen. Eine Orangenscheibe an den Glasrand stecken und servieren.

Sommernachtstraum

4 Portionen

Alkoholfrei

250 ml (1/4 l)	*Wasser*
4 TL	*schwarzer Tee*
	Saft von
1/2	*Zitrone*
etwas	*Zucker*
einige	*Eiswürfel*
300 g	*frische oder TK-Himbeeren*
50 g	*Zucker*
700 ml	*Apfelsaft*

1. Wasser zum Kochen bringen. Teeblätter in eine Kanne geben und mit kochendem Wasser aufbrühen. Den Tee etwa 3 Minuten ziehen lassen.

2. Den Tee durch ein Sieb gießen. Mit Zitronensaft und Zucker abschmecken.

3. Den Tee in eine zu zwei Drittel mit Eiswürfeln gefüllte Karaffe füllen.

4. Frische Himbeeren verlesen, evtl. kurz abspülen, trocken tupfen und entstielen. TK-Himbeeren vorher auftauen lassen.

5. Himbeeren in eine Schüssel geben und mit Zucker bestreuen. Apfelsaft hinzugießen und eine Zeit lang ziehen lassen. Mit dem Eistee auffüllen.

6. Den Himbeertee in 4 Gläser verteilen und anschließend servieren.

Sonnenschein I

einige	*Eiswürfel*
4 cl	*Eierlikör*
	Orangenlimonade
1	*Bio-Orangenscheibe*
evtl. 1	*Trinkhalm*

1. Ein Longdrinkglas zur Hälfte mit Eiswürfeln füllen. Eierlikör hinzufügen.

2. Das Glas mit gekühlter Limonade auffüllen und kurz verrühren.

3. Den Drink mit einer Orangenscheibe garnieren und nach Belieben mit einem Trinkhalm servieren.

Southern Sunrise I

5 cl Southern Comfort
1 cl Grenadinesirup
1 cl Zitronensaft
einige Eiswürfel
6 cl frisch gepresster Orangensaft

1 Bio-Orangenscheibe

1. Southern Comfort, Grenadinesirup, Zitronensaft und einige Eiswürfel in einen Shaker geben und kräftig schütteln.

2. Den Drink durch ein Barsieb in ein Cocktailglas abseihen.

3. Southern Sunrise mit gekühltem Orangensaft auffüllen und mit der Orangenscheibe garnieren.

Spanische Schokolade

2–3 Portionen

Alkoholfrei

60 g Zartbitter-Schokolade
500 ml (1/2 l) Milch
1 TL gemahlener Zimt
2 Eier

evtl. etwas geriebene Zartbitter-Schokolade

1. Schokolade reiben und in einen Topf geben. Milch und Zimt hinzugeben. Die Zutaten bei schwacher Hitze unter Rühren so lange erwärmen, bis die Schokolade geschmolzen ist.

2. Eier unter die Schokoladenmilch rühren und so lange unter Rühren erhitzen, bis die Schokolade dicklich ist (nicht kochen lassen, da die Eier sonst gerinnen).

3. Die spanische Schokolade in 2–3 Gläser füllen und nach Belieben mit geriebener Schokolade bestreuen, sofort servieren und trinken.

Hinweis: Nur ganz frische Eier verwenden, die nicht älter als 5 Tage sind (Legedatum beachten).

Spießchensekt

4 *grüne Weintrauben*
3 *blaue Weintrauben*
Sekt

Außerdem:

1 *langer Holzspieß*

1. Grüne und blaue Trauben waschen, trocken tupfen und abwechselnd auf einen Holzspieß stecken.

2. Den Spieß in einen hohen Sektkelch stellen. Das Glas mit gut gekühltem Sekt auffüllen.

Tipp: Der Spießchensekt ist eine schöne Idee, um auf einer Party Gäste zu empfangen.

Star Cocktail

4 cl *Calvados*
2 cl *roter Wermut*
1 Spritzer *Angostura Bitter*
einige *Eiswürfel*

etwas *Bio-Zitronenschale*
1 *Olive*

1. Calvados, Wermut, Angostura und einige Eiswürfel in einem Rührglas verrühren.

2. Den Cocktail durch ein Barsieb in ein Cocktailglas abseihen. Mit Zitronenschale abspritzen.

3. Die Olive in das Cocktailglas geben.

Strawberry Flip

Alkoholfrei

75 g Erdbeeren
Saft von
1/2 Zitrone
25 g Puderzucker
etwas grob zerstoßenes Eis
oder Crushed Ice
Mineralwasser mit Kohlensäure

1 Bio-Zitronenscheibe
1 Trinkhalm

1. Erdbeeren putzen, waschen, trocken tupfen und entstielen. Die Erdbeeren mit Zitronensaft und Puderzucker pürieren.

2. Das Erdbeerpüree in ein hohes, zur Hälfte mit zerstoßenem Eis oder Crushed Ice gefülltes Glas geben. Mit gekühltem Mineralwasser auffüllen und vorsichtig verrühren.

3. Die Zitronenscheibe etwas einschneiden und auf den Glasrand stecken. Den Flip mit einem Trinkhalm servieren.

Strawberry Tea

Alkoholfrei

4 Portionen

500 ml Früchtetee
2 EL Grümmel-Kandis
4 Kugeln Erdbeer-Sorbet-Kugeln
etwas fein zerstoßenes Eis

1 Trinkhalm

1. Den Früchtetee mit Kandis süßen.

2. Erdbeer-Sorbet-Kugeln mit zerstoßenem Eis in 4 Gläser verteilen.

3. Mit dem Früchtetee auffüllen.

4. Den Strawberry Tea mit einem Trinkhalm servieren.

Summertime

Alkoholfrei

1 Netzmelone (etwa 300 g)
1 Kiwi
125 ml (1/8 l) Apfelsaft
125 ml (1/8 l) Orangensaft
250 ml (1/4 l) Zitronenlimonade
einige Eiswürfel

1. Die Melone halbieren und die Kerne herauslösen. Melonenhälften schälen und in Stücke schneiden. Kiwi schälen, ebenfalls in Stücke schneiden.

2. Melonen- und Kiwistücke in einem Elektromixer pürieren. Apfel-, Orangensaft und Limonade hinzufügen und kurz verrühren. Das Getränk in eine Karaffe füllen. Kurz vor dem Servieren einige Eiswürfel hinzufügen.

Sunny

2 cl Dry Gin
3 cl weißer Rum
1 cl Aprikosenlikör
2 cl Maracujasaft
2 cl frisch gepresster Orangensaft
1 cl Grenadinesirup
einige Eiswürfel

1 Bio-Orangenscheibe
1 Cocktailkirsche
einige Zitronenmelisseblättchen

1. Gin, Rum, Likör, Maracuja-, Orangensaft, Grenadinesirup und einige Eiswürfel in einen Shaker geben und kräftig schütteln.

2. Den Drink mit dem Eis in ein großes Longdrinkglas (0,3 l) geben.

3. Mit einer Orangenscheibe, Cocktailkirsche und einigen abgespülten und trocken getupften Zitronenmelisseblättchen garnieren.

Sunny Dream

(ohne Foto)

4 cl Cointreau
2 cl Apricot Brandy
6 cl Orangensaft
6 cl Ananassaft
2 cl Schlagsahne, flüssig
1 Kugel Vanilleeis
1 cl Zitronensaft
einige Eiswürfel

1 Bio-Orangenscheibe
1 Cocktailkirsche
1 Holzspieß
evtl. 1 Minzezweig
evtl. 1 Bio-Orangenschalenspirale

1. Den Cointreau mit Brandy, Orangen-, Ananassaft, Sahne, Eis und Zitronensaft in einen Elektromixer geben und gut durchmixen.

2. Den Drink in ein zur Hälfte mit Eiswürfeln gefülltes Longdrinkglas (0,4 l) gießen.

3. Eine Orangenscheibe mit einer Cocktailkirsche auf ein Holzspießchen stecken und auf das Glas legen.

4. Nach Belieben zusätzlich mit einem abgespülten und trocken getupften Minzezweig und einer Orangenschalenspirale garniert servieren.

Sunrise

(ohne Foto)

Alkoholfrei

6 cl Möhrensaft
4 cl Zitronensaft
2 cl Apfelsaft
2 cl Bananensaft
1 cl Himbeersiurp
6 Eiswürfel

einige Bananenscheiben
einige verlesene Himbeeren
1 Cocktailsticker
evtl. 1 Zitronenmelissezweig

1. Möhrensaft, Zitronensaft, Apfelsaft, Bananensaft und Himbeersiurp mit 3 Eiswürfeln in einen Shaker geben und kräftig schütteln.

2. Die restlichen Eiswürfel in ein Longdrinkglas geben. Den Drink durch ein Barsieb in das Glas abseihen.

3. Bananenscheiben und Himbeeren abwechselnd auf einen Sticker spießen und auf das Glas legen.

4. Den Drink nach Belieben mit einem abgespülten und trocken getupften Zitronenmelissezweig garnieren.

Sweet Anis

Alkoholfrei

2 Portionen (ohne Foto)

500 ml (1/2 l) heißer, schwarzer Tee
2 EL Anissamen
3 EL Grümmel-Kandis

1 Eiweiß
etwas Grümmel-Kandis

1. Tee, Anis und Kandis verrühren und kalt stellen. Den Tee durch ein Sieb gießen.

2. Eiweiß auf einen flachen Teller geben. Die Ränder von 2 Gläsern zuerst in Eiweiß, dann in Kandiszucker drücken und kurze Zeit trocknen lassen. Tee in den Gläsern servieren.

Sweet Dream

Alkoholfrei

4 Portionen (ohne Foto)

1 Handvoll frische Zitronenmelisseblättchen
400 ml heißes Wasser
16 Aprikosenhälften (aus der Dose)
etwas Zucker
500 ml (1/2 l) Milch
8 Eiswürfel

einige Zitronenmelisseblättchen

1. Zitronenmelisseblättchen abspülen, trocken tupfen, mit heißem Wasser übergießen und etwa 10 Minuten ziehen lassen. Die Aprikosenhälften abtropfen lassen, in Spalten schneiden und in ein Gefäß geben.

2. Den Tee durch ein Sieb über die Aprikosenspalten gießen, nach Geschmack mit Zucker süßen und abkühlen lassen.

3. Den Tee mit den Aprikosenspalten und der Milch in einen Elektromixer geben und gut durchmixen.

4. Je 2 Eiswürfel in 4 hohe Gläser geben. Sweet Dream in die Gläser füllen und mit abgespülten und trocken getupften Zitronenmelisseblättchen garnieren.

Sweet Maria

(ohne Foto)

3 cl Wodka
3 cl Amaretto
4-6 cl Schlagsahne, flüssig
einige Eiswürfel

1. Wodka, Amaretto, Sahne und einige Eiswürfel in einen Shaker geben und kräftig schütteln.

2. Den Drink durch ein Barsieb in ein Kelchglas abseihen und servieren.

Swimming Pool

3 cl Wodka
4 cl Kokoslikör
1 cl Blue Curaçao
2 cl Schlagsahne, flüssig
10 cl Ananassaft
einige Eiswürfel

evtl. 1 Ananasstück (frisch oder aus der Dose)
evtl. 1 Trinkhalm

1. Wodka mit Likör, Curaçao, Sahne, Ananassaft und einigen Eiswürfeln in einen Shaker geben und kräftig schütteln.

2. Den Drink durch ein Barsieb in ein zur Hälfte mit Eiswürfeln gefülltes Fancy- oder Longdrinkglas abseihen. Den Drink nach Belieben mit einem Ananasstück garnieren und mit einem Trinkhalm servieren.

Tipp: Lassen Sie beim Shaken den Blue Curaçao weg und gießen Sie ihn erst auf den fertigen Drink, sodass er sich langsam mit dem Drink vermischt.

Teelikör

etwa 1 l

1 geh. EL grüner Tee (lose Blätter)
1 Tasse heißes Wasser
1 Bio-Zitrone (unbehandelt, ungewachst)
2 Sternanis
1 Zimtstange
250 g weißer Kandiszucker
700 ml Doppelkorn (38 Vol.-%)

1. Tee mit 1 Tasse heißem Wasser überbrühen und etwa 5 Minuten ziehen lassen. Den Tee durch ein feines Sieb gießen.

2. Die Zitrone heiß abwaschen und abtrocknen. Die Zitronenschale spiralförmig abschälen. Dabei darauf achten, dass nur die gelbe Schale und nicht das Weiße abgeschält wird.

3. Tee, Sternanis, Zimtstange und Zitronenschale in ein großes, gründlich gereinigtes, gespültes Glas geben. Kandis hinzugeben und mit Doppelkorn übergießen.

4. Glas fest verschließen. Den Teelikör etwa 1 Monat an einem kühlen, dunklen Ort (am besten im Keller) durchziehen lassen.

5. Anschließend den Likör durch ein mit einem Geschirrtuch ausgelegtes Sieb gießen. Den Likör in Flaschen füllen und kalt gestellt aufbewahren.

Tipp: Dieser Likör passt gut zu leckeren Plätzchen oder Keksen, z.B. zu Löffelbiskuits.

Haltbarkeit: gekühlt etwa 6 Monate.

Teelimonade

Alkoholfrei

6 Portionen

1 l	*Hagebuttentee*
1 l	*Johannisbeersaft oder -nektar*
500 ml (1/2 l)	*Mineralwasser ohne Kohlensäure*
1 EL	*Zitronensaft*
einige	*Eiswürfel*
etwas	*Zucker*
einige	*Trinkhalme*

1. Hagebuttentee, Johannisbeersaft oder -nektar und gekühltes Mineralwasser in einem Glaskrug mischen.

2. Zitronensaft und einige Eiswürfel hinzugeben. Die Limonade mit Zucker abschmecken, in Gläser füllen und mit Trinkhalmen servieren.

Tequila Sunrise

3–4	*Eiswürfel*
4 cl	*Tequila*
	frisch gepresster Orangensaft
1 cl	*Grenadinesirup*
1	*Bio-Orangenscheibe*
1	*Trinkhalm*

1. Die Eiswürfel in ein Longdrinkglas geben. Den Tequila hinzugießen und mit Orangensaft auffüllen.

2. Grenadinesirup hinzugeben.

3. Den Cocktail nur ganz leicht umrühren, mit einer Orangenscheibe garnieren und mit einem Trinkhalm servieren.

Tizian

Alkoholfrei

10 cl	*roter Traubensaft*
10 cl	*alkoholfreier Sekt*
einige	*Eiswürfel*
einige	*kleine, rote Trauben*
1	*Holzstäbchen*

1. Gekühlten Traubensaft in ein zur Hälfte mit Eiswürfeln gefülltes Longdrinkglas geben. Den gekühlten Sekt hinzugießen.

2. Trauben abspülen, trocken tupfen, auf ein Holzstäbchen stecken und über den Glasrand legen.

Tipp: Nach Belieben können Sie den alkoholfreien Sekt durch normalen Sekt oder Prosecco ersetzen.

Tom Collins I

4 cl Gin
2 cl Rohrzuckersirup oder
2 TL Zucker
2 cl Zitronensaft
einige Eiswürfel
Sodawasser

1 Cocktailkirsche
1 Bio-Zitronenscheibe
evtl. 2 Trinkhalme

1. Den Gin, Rohrzuckersirup oder Zucker, Zitronensaft und einige Eiswürfel in einen Shaker geben und kräftig schütteln.

2. Den Drink in ein zur Hälfte mit Eiswürfeln gefülltes Longdrinkglas abseihen.

3. Das Glas mit gekühltem Sodawasser auffüllen.

4. Den Drink mit einer Cocktailkirsche garnieren. Eine Zitronenscheibe auf den Glasrand stecken und nach Belieben mit zwei Trinkhalmen servieren.

Tom und Jerry I

2–3 EL	*Puderzucker*
1	*Eigelb*
3 cl	*Rum*
2 cl	*Weinbrand*
125 ml (1/8 l)	*kalte Milch*
einige	*Eiswürfel*

1. Puderzucker mit Eigelb, Rum, Weinbrand, Milch und einigen Eiswürfeln in einen Shaker geben und kräftig schütteln.

2. Den Drink durch ein Barsieb in ein Longdrinkglas abseihen.

Hinweis: Nur ein ganz frisches Eigelb verwenden, das nicht älter als 5 Tage ist (Legedatum beachten).

Tipp: Den Milchdrink können Sie auch heiß genießen. Dazu Puderzucker, Eigelb, Rum und den Weinbrand in einem Shaker kräftig schütteln. Sofort mit heißer Milch auffüllen und gut verrühren. Mit etwas geriebener Muskatnuss bestreuen. Den Drink in einem hitzebeständigen Glas servieren.

Tropical Cooler | Alkoholfrei

2 cl Maracujasirup
4 cl Maracujasaft
2 cl Zitronensaft
einige Eiswürfel
100 ml Tonic Water
1 Karambolescheibe (Sternfrucht)
1 Trinkhalm

1. Maracujasirup mit Maracujasaft und Zitronensaft in einen Shaker geben und kräftig schütteln.

2. Das Getränk durch ein Barsieb in ein mit einigen Eiswürfeln gefülltes Longdrinkglas abseihen. Mit Tonic Water auffüllen.

3. Die Karambolescheibe an den Glasrand stecken. Tropical Cooler mit einem Trinkhalm servieren.

Tropic-Bowle

Alkoholfrei

3 EL	*Früchtetee-Tropicfrucht*
500 ml (1/2 l)	*kochendes Wasser*
2 EL	*Grümmel-Kandis*
250 ml (1/4 l)	*Multivitaminsaft (rote Frucht)*
3 EL	*Grenadinesirup*
1	*Papaya*
1	*Kiwi*
einige	*Eiswürfel*

1. Den Früchtetee in eine Kanne geben, mit kochendem Wasser übergießen und etwa 8 Minuten ziehen lassen. Den Tee durch ein Sieb gießen, mit Kandis süßen und kalt stellen.

2. Den Multivitaminsaft mit Grenadinesirup verrühren. Die Papaya halbieren, entkernen und schälen. Das Fruchtfleisch vierteln und in dünne Scheiben schneiden. Kiwi schälen, vierteln und ebenfalls in dünne Scheiben schneiden.

3. Den Tee in ein Bowlengefäß füllen. Papaya- und Kiwischeiben hinzugeben, kalt gestellt etwa 1 Stunde ziehen lassen.

4. Bowle gut gekühlt mit einigen Eiswürfeln servieren.

Tropischer Eisdrink „King Louis“

8 Portionen

Alkoholfrei

2 Bananen
8 Kugeln Joghurt-Eiscreme
1,6 l Maracujasaft oder -nektar

1 Banane
etwas Zitronensaft
1 Karambole (Sternfrucht)
8 Minzezweige
24 Trinkhalme

1. Bananen schälen, in Stücke schneiden, mit Eiscreme und Maracujasaft oder -nektar in einem Elektromixer pürieren. Das Getränk in vorgekühlte Gläser füllen.

2. Die Banane schälen, in Scheiben schneiden und mit Zitronensaft beträufeln. Die Sternfrucht abspülen, abtrocknen und ebenfalls in Scheiben schneiden.

3. Die Gläser mit Bananen- und Sternfruchtscheiben sowie abgespülten und trocken getupften Minzezweigen garnieren, mit je 3 Trinkhalmen sofort servieren.

Up to date

3 cl Whisky
2 cl Sherry Dry
2 Spritzer Orangenlikör
1 Spritzer Angostura Bitter
einige Eiswürfel
1 Cocktailkirsche

1. Whisky, Sherry, Orangenlikör, Angostura und einige Eiswürfel in einem Rührglas verrühren.

2. Den Drink durch ein Barsieb in ein Cocktailglas abseihen.

3. Die Cocktailkirsche in das Cocktailglas geben und den Drink servieren.

Vampir

5 cl Wodka
2 cl Melonenlikör
1 cl Himbeerlikör
2 cl Himbeersirup
2 cl Zitronensaft
5 cl Pfirsichsaft
5 cl Orangensaft
einige Eiswürfel

1. Wodka mit den Likören, Sirup, den Säften und einigen Eiswürfeln in einen Shaker geben und kräftig schütteln.

2. Den Drink durch ein Barsieb in ein zur Hälfte mit Eiswürfeln gefülltes Longdrink- oder Fancyglas (0,4 l) abseihen.

Tipp Vampir mit einer Honigmelonenscheibe und einer Cocktailkirsche garnieren.

Venezianischer Traum

4 Portionen

Alkoholfrei

200 g	Sauerkirschen
50 g	Marzipan-Rohmasse
375 ml (3/8 l)	Vanillemilch
	Mineralwasser mit Kohlensäure
evtl. einige	Trinkhalme

1. Sauerkirschen waschen, abtropfen lassen, entstielen und entsteinen. Marzipan in Stücke schneiden.

2. Sauerkirschen, Marzipanstücke und Vanillemilch in einen Elektromixer geben, pürieren und kalt stellen.

3. Die Fruchtpüreemasse in Ballongläsern verteilen und mit gekühltem Mineralwasser auffüllen.

4. Das Getränk nach Belieben mit Trinkhalmen servieren.

Veritas

2 cl	Scotch Whisky
1 cl	Passoã
1 Spritzer	Angostura Bitter
1 cl	Grenadinesirup
3 cl	Orangensaft
einige	Eiswürfel
5 cl	Prosecco
1	Cocktailkirsche
1	kleiner Minzezweig

1. Whisky, Likör, Angostura, Grenadinesirup, Orangensaft und einige Eiswürfel in einen Shaker geben und kräftig schütteln.

2. Den Drink durch ein Barsieb in eine Sektschale abseihen. Gut gekühlten Prosecco hinzugießen.

3. Veritas mit einer Cocktailkirsche und einem abgespülten und trocken getupften Minzezweig garnieren.

Virgin Piña Colada | Alkoholfrei

4 cl Havana Bar Sirup (alkoholfreier Sirup mit Rum-Geschmack)
2 cl Kokossirup
8 cl Ananassaft
6 cl Schlagsahne, flüssig
einige Eiswürfel

evtl. 1 Ananasstück mit etwas Grün
evtl. 1 Cocktailkirsche
evtl. 1 Holzstäbchen
evtl. 1 Trinkhalm

1. Havana Bar Sirup mit Kokossirup, Ananassaft, Sahne und einigen Eiswürfeln in einen Shaker geben und kräftig schütteln.

2. Den Drink durch ein Barsieb in ein zur Hälfte mit Eiswürfeln gefülltes Longdrink- oder Fancyglas abseihen.

3. Nach Belieben ein Ananasstück mit etwas Grün und eine Cocktailkirsche auf ein Holzstäbchen stecken. Den Glasrand damit garnieren. Den Cocktail nach Belieben mit einem Trinkhalm servieren.

Tipp: Sie können den Bar Sirup durch 1–2 Tropfen Rum-Aroma und Zuckersirup ersetzen.

Viva Villa

etwas	*Zitronensaft*
etwas	*Salz*
	Saft von
1	*Limette oder*
	½ Zitrone
1 Barlöffel	*Eiweiß*
1 Barlöffel	*Puderzucker*
4 cl	*Tequila*
3–4	*Eiswürfel*

1. Den Rand einer Sektschale zuerst in Zitronensaft, dann in Salz tauchen.

2. Limetten- oder Zitronensaft, Eiweiß, Puderzucker, Tequila und einige Eiswürfel in einen Shaker geben und kräftig schütteln.

3. Den Drink durch ein Barsieb vorsichtig in die vorbereitete Sektschale abseihen.

Hinweis: Nur ein ganz frisches Eiweiß verwenden, das nicht älter als 5 Tage ist (Legedatum beachten).

Vulcano

3 cl Himbeergeist
2 cl Curaçao Blue
1 Stück Bio-Orangenschale
Champagner

1. Himbeergeist und Curaçao in eine Cocktailschale geben. Mit Orangenschale abspritzen. Die Orangenschale mit in das Cocktailglas geben.

2. Den Cocktail mit gekühltem Champagner auffüllen und servieren.

Waldfreude

Alkoholfrei

75 g	*Waldbeeren (z. B. Erdbeeren, Himbeeren, Brombeeren)*
einige	*Eiswürfel*
15 cl	*fermentierter Kräutertee (Kombucha)*
evtl. 1	*Erdbeere mit Grün*
evtl. 1	*frischer Minzezweig*
evtl. einige	*Trinkhalme*

1. Die Waldbeeren verlesen, waschen, gut abtropfen lassen und pürieren. Das Beerenpüree in ein mit einigen Eiswürfeln gefülltes Longdrinkglas geben. Mit dem Kräutertee auffüllen. Den Drink vorsichtig umrühren.

2. Nach Belieben die Erdbeere waschen und trocken tupfen. Minzezweig abspülen und trocken tupfen. Den Glasrand mit der Erdbeere und dem Minzezweig garnieren. Das Getränk mit Trinkhalmen servieren.

Tipp: Kombucha wird aus gesüßtem Tee mithilfe des sogenannten Teepilzes hergestellt, der eine leichte Gärung des Tees auslöst. Das Getränk schmeckt säuerlich, apfelweinartig und ihm werden vitalisierende, generell krankheitsvorbeugende Eigenschaften nachgesagt, die aber wissenschaftlich nicht belegt sind.

Waldmeisterlikör I

etwa 1,2 l

2 Bund	frischer Waldmeister
300 g	Zucker
150 ml	Wasser
etwa 1 EL	getrocknete Orangenblüten (erhältlich in Apotheken oder Kräuterläden)
1 l	Slibowitz oder ein anderer heller Pflaumenschnaps

1. Waldmeister abspülen und trocken tupfen. Den Zucker und Wasser in einem Topf zum Kochen bringen und 2–3 Minuten bei schwacher Hitze kochen lassen, bis sich der Zucker vollständig gelöst hat.

2. Waldmeister, Zuckerlösung, Orangenblüten und den Slibowitz in ein großes, gründlich gereinigtes, gespültes Glas füllen und fest verschließen.

3. Waldmeisterlikör dunkel und kalt gestellt 5–6 Tage durchziehen lassen.

4. Likör durch ein mit einem Geschirrtuch ausgelegtes Sieb gießen, in Flaschen füllen und verschließen.

Tipps: Der Waldmeisterlikör hat eine schöne, grüne Farbe und eignet sich sehr gut als Geschenk. Wenn Sie keinen frischen Waldmeister erhalten, können Sie auf TK-Waldmeister zurückgreifen.

Haltbarkeit: gekühlt 9–12 Monate.

Weißer Rumtopf I

1 Glas etwa 3 l

300 g	*Erdbeeren*
3	*Pfirsiche*
1	*Bio-Limette (unbehandelt, ungewachst)*
1	*Ananas*
300 g	*Zucker*
1 l	*weißer Rum (37,5 Vol.-%)*
150 ml	*Weingeist/Ethanol (hochprozentiger Alkohol aus der Apotheke, 90 Vol.-%)*
1	*getrocknete Chilischote*

1. Die Erdbeeren waschen, gut abtropfen lassen und entstielen. Pfirsiche waschen, mit kochendem Wasser übergießen, mit kaltem Wasser abschrecken und die Haut abziehen. Pfirsiche vierteln, entsteinen und das Fruchtfleisch in gleich große Stücke schneiden.

2. Die Limette heiß abwaschen, abtrocknen, halbieren und in Stücke schneiden.

3. Von der Ananas Blatt- und Strunkende entfernen. Ananas vierteln und den mittleren, holzigen Strunk entfernen. Ananasviertel in kleine Stücke schneiden.

4. Die vorbereiteten Früchte in einen Rumtopf oder in ein großes, verschließbares Glas (3 l) geben. Zucker, Rum und Weingeist hinzugeben und den Rumtopf gut durchrühren.

5. Chilischote hinzufügen. Die Früchte müssen vollständig mit dem Alkohol bedeckt sein. Rumtopf bzw. Glas verschließen.

6. Den weißen Rumtopf kalt stellen, gelegentlich umrühren und etwa 4 Wochen durchziehen lassen.

Haltbarkeit: gekühlt etwa 4 Wochen.

Weizen de luxe

2–4 Portionen

1 l Hefeweizenbier
375 ml (3/8 l) trockener Sekt
100 ml Pfirsichlikör

1. Gut gekühltes Hefeweizenbier mit etwa 300 ml gut gekühltem Sekt und Pfirsichlikör verrühren (dabei aber nicht zu stark rühren, damit die Kohlensäure erhalten bleibt).

2. Den Biertrunk kurz vor dem Verzehr in hohe Gläser füllen und mit dem restlichen, gut gekühlten Sekt aufspritzen.

Tipp: Kann man vorbereiten, da der Biertrunk seine Frische durchs Aufspritzen mit Sekt wiederbekommt.

Whiskey Julep

4 Minzezweige
1 TL Puderzucker
evtl.
2–3 Tropfen Wasser
etwas Crushed Ice
5–6 cl Bourbon Whiskey

1. Minze abspülen und trocken tupfen. Die Blättchen von den Stängeln zupfen. Die Minzeblättchen mit dem Puderzucker und evtl. 2–3 Tropfen Wasser in einen Tumbler (Becherglas) geben, mit einem Stößel leicht zerdrücken und umrühren.

2. Das Glas zur Hälfte mit Crushed Ice auffüllen. Dann Whiskey darübergießen und gut umrühren. Das Glas mit Crushed Ice randvoll füllen und nochmals vorsichtig umrühren.

Tipps: Ein Julep ist eine Cocktailgruppe und enthält immer nur Minze, keine Limette und keine Orange. Nach Belieben ein wenig Wasser hinzufügen, um den Alkoholgehalt etwas zu reduzieren.

Whiskey Smash

½ Bio-Zitrone (unbehandelt, ungewachst)
2–3 Minzezweige
2 cl Zuckersirup
etwas Crushed Ice
4 cl Bourbon Whiskey

1. Zitronenhälfte heiß abwaschen, abtrocknen und achteln. Die Minzezweige abspülen und trocken tupfen. Anschließend die Blättchen von den Stängeln zupfen.

2. Zitronenachtel und Minzeblättchen in einen Tumbler (Becherglas) geben. Zuckersirup hinzugeben und mit einem Stößel gut zerdrücken.

3. Das Glas mit Crushed Ice auffüllen. Den Whiskey darübergießen.

Tipps: Servieren Sie den Drink mit einem kurzen, dicken Trinkhalm und garnieren Sie ihn mit einem abgespülten und trocken getupften Minzezweig.
Der Smash ist, wie der Julep, eine eigene Cocktailgruppe. Er schmeckt auch mit Rum, Gin, Wodka oder Tequila sehr gut.

Whiskey Sour

4 cl Bourbon Whiskey
4 cl Zitronensaft
2 cl Zuckersirup
4 cl Orangensaft
einige Eiswürfel

1 Bio-Orangenscheibe
1 Cocktailkirsche

1. Whiskey, Zitronensaft, Zuckersirup, Orangensaft und einige Eiswürfel in einen Shaker geben und kräftig schütteln.

2. Den Drink durch ein Barsieb in ein mit einigen Eiswürfeln gefülltes Longdrinkglas abseihen. Den Drink mit einer Orangenscheibe und Cocktailkirsche garnieren.

Tipp: Whiskey mit einem kurzen Trinkhalm servieren.

White Lily

2 cl Dry Gin
2 cl weißer Rum
2 cl Orangenlikör
1 Spritzer Pastis
einige Eiswürfel

1. Gin, Rum, Orangenlikör, Pastis und einige Eiswürfel in einen Shaker geben und kräftig schütteln.

2. Den Drink durch ein Barsieb in ein Cocktailglas abseihen.

White Russian

4 cl Wodka
2 cl Kahlúa (Kaffeelikör)
einige Eiswürfel

etwas leicht geschlagene Schlagsahne

1. Wodka, Kaffeelikör und einige Eiswürfel in einem Rührglas gut verrühren. Den Drink durch ein Barsieb in ein kleines, gekühltes Stielglas abseihen.

2. Die geschlagene Sahne vorsichtig auf den Drink geben und servieren.

Tipps: Der White Russian schmeckt statt mit Sahne auch mit frischer Milch. Für einen **Black Russian** die Sahne weglassen.

Wimbledon-Winner-Tea

Alkoholfrei

1 l	starker, erkalteter, schwarzer Tee
etwas	Zitronensaft
etwas	Zucker
200 g	Erdbeeren
etwas	zerstoßenes Eis

1. Tee mit Zitronensaft und Zucker abschmecken.

2. Erdbeeren putzen, waschen, abtropfen lassen und entstielen. Erdbeeren in Stücke schneiden und unter den Tee rühren. Etwa 5 Minuten stehen lassen.

3. Die Erdbeer-Tee-Mischung in ein zur Hälfte mit zerstoßenem Eis gefülltes Longdrinkglas füllen.

Winter Silence

(ohne Foto)

75 ml roter oder weißer Traubensaft
75 ml Ananassaft
1 Spritzer Zitronensaft
75 ml halbtrockener Weißwein
1 Ananasscheibe (aus der Dose)
1 TL Zucker

1. Trauben-, Ananas- und Zitronensaft mit dem Weißwein in einem Topf erhitzen (nicht kochen). Die Ananasscheibe in Stücke schneiden, in die heiße Flüssigkeit geben und kurze Zeit darin ziehen lassen.

2. Den Zucker unter Rühren in dem Punsch auflösen und mit den Ananasstücken in einem hitzebeständigen Glas servieren.

Wodka Cranberry

4 cl Wodka
12 cl Cranberry-Saft
einige Eiswürfel

3–4 Cranberries
1 Holzspieß

1. Wodka und Cranberry-Saft in ein zur Hälfte mit Eiswürfeln gefülltes Longdrinkglas geben und gut verrühren.

2. Die Cranberries auf einen Holzspieß stecken. Den Drink damit garnieren.

Tipps: Dieser Drink schmeckt auch mit anderen Säften, z. B. Orangen- oder Kirschsaft. Den Drink mit einem Trinkhalm servieren.

Wodka-Feigen I

350 g gedünstete Feigen (aus der Dose)
250 ml (1/4 l) Wodka
5 TL grüne Pfefferkörner
250 g Schlagsahne

1. Feigen in einem Sieb abtropfen lassen, den Saft auffangen und 250 ml (1/4 l) abmessen. Feigensaft mit Wodka mischen.

2. Feigen mit der Wodka-Saft-Flüssigkeit und 4 Teelöffeln Pfefferkörnern verrühren.

3. Mischung in ein vorbereitetes Glas geben und gut verschlossen an einem kühlen Ort über Nacht durchziehen lassen.

4. Feigen mit der Flüssigkeit und dem Pfeffer in Portionsschälchen anrichten. Sahne steif schlagen, auf den Feigen verteilen und mit den restlichen Pfefferkörnern bestreuen.

Wodka Lemon

4 cl Wodka
2 cl Zitronensaft
einige Eiswürfel
8–10 cl Bitter Lemon

1 Bio-Zitronenscheibe
2 Trinkhalme

1. Wodka und Zitronensaft in ein zur Hälfte mit Eiswürfeln gefülltes Longdrinkglas geben und gut verrühren. Gekühltes Bitter Lemon hinzugießen.

2. Eine Zitronenscheibe vierteln und in den Drink geben. Wodka-Lemon mit Trinkhalmen servieren.

Tipp: Statt Bitter Lemon können Sie auch Tonic Water, Zitronen- oder Orangenlimonade oder Eistee verwenden.

Wodka Smash

(ohne Foto)

einige Eiswürfel
4 Minzeblättchen
1 Barlöffel Zucker
5 cl Wodka

1 Bio-Limettenscheibe

1. Einige Eiswürfel in einen Shaker geben.

2. Minzeblättchen abspülen, trocken tupfen, zerdrücken, mit dem Zucker und dem Wodka in den Shaker geben und kräftig schütteln.

3. Den Drink durch ein Sieb in ein Cocktailglas abseihen und mit einer Limettenscheibe garnieren.

Würziger Eierlikör

etwa 1,4 l

15 Eigelb
300 g feiner Zucker
2 Vanilleschoten
1 Msp. gemahlener Zimt
1 Msp. gemahlener Koriander
700 ml Weinbrand (40 Vol.-%)

1. Eigelb und Zucker dickcremig schlagen. Vanilleschoten aufschneiden und das Mark herauskratzen.

2. Das Vanillemark mit Zimt und Koriander unter die Eigelbmasse schlagen.

3. Den Weinbrand nach und nach unterschlagen. Die Masse kurze Zeit stehen lassen und nochmals durchschlagen.

4. Den Eierlikör in gründlich gereinigte und gespülte Flaschen füllen. Die Flaschen verschließen und kalt stellen.

Hinweis: Nur ganz frische Eigelb verwenden, die nicht älter als 5 Tage sind (Legedatum beachten).

Tipp: Das Eiweiß von den 15 Eiern für Makronen- oder Baisergebäck verwenden.

Haltbarkeit: gekühlt etwa 14 Tage.

Würziger Johannisbeerlikör

etwa 1,4 l

200 g	*schwarze Johannisbeeren*
1	*Minzezweig*
3	*Wacholderbeeren*
200 g	*weißer Kandiszucker*
1 gestr. TL	*Fenchelsamen*
1 gestr. TL	*Anissamen*
1	*kleines Lorbeerblatt*
700 ml	*Weizendoppelkorn (38 Vol.-%)*

1. Johannisbeeren verlesen, waschen, abtropfen lassen und entstielen. Johannisbeeren in eine gründlich gereinigte und gespülte, weithalsige Flasche oder ein verschließbares Glas geben.

2. Die Minze abspülen und trocken tupfen. Die Wacholderbeeren zerdrücken. Die Minze mit Wacholderbeeren, Kandis, Fenchelsamen, Anissamen und Lorbeerblatt zu den Johannisbeeren geben und mit Korn auffüllen.

3. Die Flasche oder das Glas verschließen und den Likör 6–8 Wochen durchziehen lassen.

4. Anschließend den Likör durch ein Sieb gießen und in eine gründlich gereinigte und gespülte Flasche oder Karaffe füllen. Flasche oder Karaffe verschließen und kalt stellen.

Haltbarkeit: gekühlt etwa 3 Monate.

Xanthia Cocktail

3 cl Cherry Brandy
3 cl Chartreuse Gelb
3 cl Gin
einige Eiswürfel
1 Honigmelonenspalte
2 Cocktailkirschen
1 Cocktailsticker

1. Cherry Brandy, Chartreuse, Gin und einige Eiswürfel in einem Rührglas gut verrühren.

2. Den Drink durch ein Barsieb in eine Cocktailschale abseihen.

3. Zum Schluss die Melonenspalte und Cocktailkirschen auf einen Cocktailsticker spießen und über den Glasrand legen.

Yellow Bird

Alkoholfrei

4 Portionen

200 g	*vorbereitete Ananasstückchen*
2 TL	*eingelegter, grüner Pfeffer*
100 g	*Doppelrahm-Frischkäse*
125 ml (1/8 l)	*Ananassaft*
	Mineralwasser mit Kohlensäure

1. Ananasstückchen, abgetropften Pfeffer, Frischkäse und den Ananassaft in einen Elektromixer geben und pürieren.

2. Das Getränk in 4 Bechergläser verteilen und mit gekühltem Mineralwasser auffüllen.

Tipp: Yellow Bird mit Trinkhalmen servieren.

Zabaione-Likör

etwa 2 l

1	*Vanilleschote*
500 g	*haltbare Schlagsahne*
250 ml (1/4 l)	*haltbare Vollmilch (3,5 % Fett)*
125 g	*Zucker*
12	*Eigelb*
375 g	*gesiebter Puderzucker*
350 ml	*Weinbrand (40 Vol.-%)*
250 ml (1/4 l)	*Marsala*

1. Vanilleschote längs halbieren und das Mark herausschaben. Sahne, Milch und Vanillemark in einem Topf zum Kochen bringen. Zucker unterrühren. Den Topf von der Kochstelle nehmen. Die Sahnemilch erkalten lassen.

2. Eigelb mit Puderzucker in eine Rührschüssel geben und mit Handrührgerät mit Rührbesen weiß schaumig schlagen. Sahnemilch unterrühren.

3. Weinbrand und Marsala langsam hinzugießen, unterrühren. Likör in kleine, gründlich gereinigte, gespülte Flaschen füllen, fest verschließen und kalt gestellt aufbewahren. Der Likör kann sofort getrunken werden.

Hinweis: Nur ganz frische Eigelb verwenden, die nicht älter als 5 Tage sind (Legedatum beachten).

Haltbarkeit: gekühlt 4–6 Monate.

Zitronen-Flip I

Alkoholfrei

etwas Zitronensaft
etwas roter Zucker

1 Eigelb
4 Barlöffel Puderzucker
2 cl Zitronensaft
einige Eiswürfel

1. Den Rand eines Sektglases zuerst in Zitronensaft, dann in den roten Zucker tauchen.

2. Eigelb, Puderzucker, Zitronensaft und einige Eiswürfel in einen Shaker geben und kräftig schütteln.

3. Den Flip durch ein Barsieb in das vorbereitete Sektglas abseihen.

Hinweis: Nur ein ganz frisches Eigelb verwenden, das nicht älter als 5 Tage ist (Legedatum beachten).

Zitronenlimonade | Alkoholfrei

4 Portionen

1 l Mineralwasser ohne Kohlensäure
100–150 g Zucker
1 Prise Salz
50–60 ml Zitronensaft

einige Trinkhalme

1. Das Wasser, Zucker und Salz in einem Topf zum Kochen bringen. Den Topf von der Kochstelle nehmen. Zuckerwasser abkühlen lassen und in einen Glaskrug geben.

2. Den Glaskrug mit Frischhaltefolie zugedeckt etwa 2 Stunden in den Kühlschrank stellen.

3. Den Zitronensaft unterrühren. Die Zitronenlimonade in Gläsern verteilen und mit Trinkhalmen servieren.

Zombie

4 cl	*weißer Rum*
4 cl	*brauner Rum (37,5 Vol.-%)*
2 cl	*hochprozentiger, brauner Rum (73 Vol.-%)*
2 cl	*Cointreau*
2–3 cl	*Grenadinesirup*
2 cl	*Maracujasirup*
4 cl	*Zitronensaft*
4 cl	*Orangensaft*
4 cl	*Ananassaft*
einige	*Eiswürfel*
etwas	*grob zerstoßenes Eis*
1	*Ananasstück*
1	*Cocktailkirsche*
1	*kleiner Minzezweig*

1. Rum, Cointreau, Grenadinesirup, Maracujasirup, Zitronen-, Orangen-, Ananassaft und einige Eiswürfel in einen Shaker geben und kräftig schütteln.

2. Den Drink durch ein Barsieb in ein zur Hälfte mit grob zerstoßenem Eis gefülltes Fancyglas (0,4 l) abseihen.

3. Den Glasrand mit einem Ananasstück, einer Cocktailkirsche und einem abgespülten und trocken getupften Minzezweig garnieren.

Tipp: In den Zombie gehört immer ein hochprozentiger Rum, z.B. Lemon Hart Rum (73 Vol.-%).

Zuckerhut-Limonade

4 Portionen

Alkoholfrei

- 1 l *Ginger Ale*
- 1 l *Bitter Lemon*
- 4 EL *vorbereitete Heidelbeeren*
- 1 *Bio-Zitrone (unbehandelt, ungewachst)*
- 1 *Bio-Limette (unbehandelt, ungewachst)*
- 4 *Zitronenmelissezweige*
- 4 *langstielige Cocktailpicker*
- 4 *Eiswürfel*

1. Ginger Ale und Bitter Lemon (beides gekühlt) in einen Mixbecher gießen und mit den Heidelbeeren vermischen. Einige Minuten ziehen lassen.

2. Zitrone und Limette heiß abwaschen, abtrocknen und je 4 gleich große Scheiben abschneiden. Die Melissezweige abspülen und trocken tupfen.

3. Je eine Zitronen- und eine Limettenscheibe auf 4 Cocktailpicker stecken.

4. Die Eiswürfel in 4 hohe Gläser geben und mit der „Zuckerhut-Limonde" auffüllen. Die Gläser mit den vorbereiteten Cocktailpickern und Melissezweigen garnieren.

Tipp: Streuzucker mit zerdrückten Blaubeeren mischen, (er färbt sich blau). Die Glasränder vor dem Auffüllen der Limonade zuerst in Zitronensaft, dann in den blauen Zucker tauchen. So erhält man einen dekorativen Zuckerrand.

Kleine Gläserkunde

Anbei ein kleiner Überblick der gängigsten Gläsertypen für die Hausbar. Selbstverständlich lassen sich solche Gläsertypen nach Geschmack und Verwendung jederzeit aufstocken. Heutzutage gibt es fast alle Gläsertypen in den unterschiedlichsten Ausführungen und Größen.

Bowlengläser & hitzebeständige Gläser: nimmt man für Bowlen, Punsche, Grogs und Glühweine.

Cocktailgläser: sind kelchförmige Stielgläser und ideal für vor allem für klassische Cocktails wie z. B. den Martini Cocktail.

Cocktailschalen: eignen sich am besten für Drinks mit Schlagsahne oder auch für Champagner- und Sektcocktails.

Fancyglas: gibt es in vielen Formen. Die bekanntesten sind Becherformen oder eine Art Tulpenform. Fancygläser haben meist ein größeres Volumen, da der Drink darin in der Regel mit viel Eis serviert wird.

Highball Glas: (oder auch besser bekannt unter dem Begriff Longdrinkglas) ist ein großer, seitlich gerader Tumbler, der sich für Longdrinks wie z. B. den Campari Orangensaft, aber auch für andere Cocktails wie den Tequila Sunrise bestens eignet. Longdrinkgläser gibt es in den verschiedensten Größen und Formen. Die neuste, allerdings etwas abgeänderte Form ist das Caipirinha-Glas.

Sektkelche & Sektflöten: sind besonders für Sekt-Aperitifs geeignet wie z. B. den Kir Royal.

Tumbler: auch Becherglas oder Whiskeybecher genannt, ist ein stämmiges, dickbödiges Glas; optimal für z. B. den Drink Old Fashioned.

Weißwein- & Rotweingläser: lassen sich in ihrer unterschiedlichen Füllmengenform heutzutage ebenfalls super für Fancydrinks, aber auch für alkoholfreie Cocktails sowie Crustas oder Cobblers verwenden. Dieser Gläsertyp ist in der Regel in jedem Haushalt vorhanden.

Mixutensilien

Folgende Utensilien werden benötigt:

- Shaker, ein Rührglas für z. B. den Martini Cocktail
- Barsieb (es gibt auch Shaker mit eingebautem Sieb im Deckel)
- evtl. einen Elektro- oder Stabmixer
- Messbecher oder ein Schnapsglas mit einer 2-cl-Markierung
- Teelöffel (für manche Drinks einen Teelöffel mit langem Stiel, ersatzweise kann zum Umrühren auch ein Esslöffel oder etwas Vergleichbares verwendet werden)
- Messer und Schneidebrett
- Eisbehälter und Eiszange
- Holzstößel (für einige Drinks zum Zerdrücken von Obststücken oder Minze)
- Holzhammer oder Fleischklopfer aus Holz, Kunststoff oder Metall und ein Handtuch (zum Zerkleinern von Eiswürfeln)
- Holzspieße (zum Garnieren mancher Cocktails)
- evtl. ein Bowlengefäß
- große und kleine Gläser zum Servieren der Drinks
- Trinkhalme (nach Belieben)
- Schwammtuch zum Wischen und ein Handtuch zum Abtrocknen

Mixzutaten

Eis

Für Drinks werden verschiedene Eissorten (Eiswürfel, grob zerstoßenes Eis oder Crushed Ice) verwendet. Für **grob zerstoßenes Eis** einige Eiswürfel in ein Küchentuch wickeln und mit einem Holzhammer oder Fleischklopfer grob zerkleinern. Um **Crushed Ice** zu erhalten, zerkleinern Sie die Eiswürfel noch kleiner als für grob zerstoßenes Eis. Crushed Ice können Sie auch mit einem Eis-Crusher herstellen.
Es ist sinnvoll, vor dem Mixen einen Vorrat an Eiswürfeln im Gefrierschrank anzulegen. Nehmen Sie die Eiswürfel etwa 5 Minuten vor ihrer Verwendung aus dem Gefrierschrank. Eiswürfel direkt aus der Tiefkühltruhe sind zu kalt, um ihre Kälte an den Drink abzugeben.

Alkoholholische Zutaten

Absinth: Branntweindestillat aus Wermut und Anis mit charakteristischer grüner Farbe (45–78 Vol.-%)
Amaretto: italienischer Mandellikör
Angostura Bitter: Würzbitter, der zur Geschmacksabrundung von Drinks dient; sollte nicht pur getrunken werden
Aperol: italienischer bittersüßer Kräuterlikör
Apricot Brandy: Aprikosenlikör aus Aprikosen-Branntwein
Armagnac: Weinbrand aus dem französischen Armagnac-Gebiet (Gascogne)
Arrak: Branntwein aus verschiedenen Pflanzen, z. B. Palmen, Zuckerrohrmelassse, Reis, Datteln, Feigen oder Trauben
Baileys: Emulsionslikör aus irischem Whiskey und Sahne
Batida de Côco: Emulsionslikör aus Kokosnüssen und Kokosmilch
Blue Curaçao: siehe Curaçao
Brandy: Überbegriff für alle Weinbrände, die nicht aus Deutschland oder Frankreich kommen, sondern z. B. aus Italien, Spanien oder Griechenland
Cachaça: brasilianischer Zuckerrohrschnaps aus frischem Zuckerrohr
Calvados: französischer Apfelbranntwein
Campari: italienischer bittersüßer Kräuterlikör
Champagner: französischer Schaumwein aus der Champagne
Chartreuse Gelb: französischer Kräuterlikör
Cherry Brandy: Kirschlikör aus Kirsch-Branntwein
Cognac: französischer Weinbrand aus Weißweinen
Cointreau: französischer Orangenlikör
Crème de Cacao: Kakaolikör in Braun und Weiß (farblos)
Crème de Cassis: schwarzer Johannisbeerlikör
Crème de Menthe Grün: grüner Pfefferminzlikör
Curaçao: Pomeranzenlikör mit mindestens 20 Vol.-% in verschiedenen Farben wie Blau (Blue), Orange und Weiß
Curaçao Triple Sec: farbloser Orangenlikör mit mindestens 30 Vol.-% und mehr
Bénedictine DOM: französischer Kräuterlikör
Drambuie: Whisky-Likör aus Malt Whisky, Heidehonig und Heidekräutern
Eierlikör: Emulsionslikör aus Eigelb, Zucker oder Honig und Alkohol
Galliano: italienischer Vanille-Kräuter-Likör
Gin: klarer Branntwein aus Weizen- oder Roggenkorn, der sein Aroma vorwiegend durch Wacholderbeeren und den Zusatz von Gewürzen erhält
- Dry: weniger süßer Gin
Grand Marnier: französischer Orangenlikör
Jägermeister: deutscher Kräuterlikör
Kirschwasser: Obstbrand aus Kirschen
Korn: Branntwein aus Weizen, Gerste, Roggen, Buchweizen oder Hafer
Licor 43: spanischer Likör aus Kräutern, Vanille und frischen Fruchtessenzen
Maraschino-Likör: farbloser Fruchtlikör aus Maraska-Kirschen und Kirsch-Branntwein
Marsala: sizilianischer Aperitif- bzw. Dessertwein
Martini: eine Markenbezeichnung, siehe Wermut

Parfait d'amour: lilafarbener Likör aus Veilchen
Passoã: Passionsfruchtlikör
Pastis: Anislikör
Peach Brandy: Pfirsichlikör aus Pfirsich-Branntwein
Pimm's No. 1: Ginspezialität aus Kräutern, Fruchtextrakten und Chinin
Pisang Ambon: exotischer Frucht-Kräuterlikör
Portwein: relativ süßer und schwerer, aufgespriteter Südwein
Prosecco: italienischer Schaumwein aus der italienischen Region Venetien
Rum: Branntwein aus Zuckerrohrmelasse (seltener aus Zuckerrohrsaft); frisch gebrannter Rum ist farblos (weiß), brauner Rum hat seine Farbe durch seine Holzfassreifung oder die Zugabe von Zuckercouleur
Sherry: spanischer Likörwein
- Dry: trockener Sherry
- medium: halbtrockener Sherry
Southern Comfort: amerikanischer Whiskey-Likör auf Basis von Orangen und Pfirsichen
Tequila: mexikanischer Branntwein aus der Agave gemacht
Vermouth: siehe Wermut
- Dry: Wermut aus Weinen ohne Restzucker
- Rot: Wermut aus Rotwein, überwiegend aus Italien
Weinbrand: Branntwein aus Wein, der mindestens ein Jahr in Eichenholzfässern gelagert werden muss
Wermut: mit Gewürzen und Kräutern aromatisierter und aufgespriteter (alkoholverstärkter) Wein, der seinen Namen dem Wermutkraut verdankt
Whiskey/Whisky: Branntwein aus Getreide (Gerste, Hafer, Roggen, Weizen, Mais) mit typisch rauchigem Geschmack und einem Alkoholgehalt von mindestens 40 Vol.-%. Irische und amerikanische Sorten werden mit "e" geschrieben, schottische und kanadische Sorten ohne "e".
- Bourbon Whiskey: amerikanischer Whiskey, der aus mind. 50 % Mais bestehen muss
Wodka: meist farblose, fast geschmacksneutrale Spirituose aus Getreide (Roggen, Weizen, Gerste) oder Kartoffeln mit einem Alkoholgehalt mit hohem Reinheitsgehalt
- Citrus Flavoured Vodka: Wodka mit Zitrusgeschmack
- Premium Vodka: Wodka von höchster Reinheit und bester Qualität

Nicht alkoholische Zutaten

Bitter Lemon: chininhaltige Zitronenlimonade
Bitter Orange: chininhaltige Orangenlimonade
Blue Curaçao Sirup: alkoholfreie Variante des Likörs Blue Curaçao
Ginger Ale: kohlensäurehaltige Limonade mit Ingwerauszügen
Grenadinesirup: gesüßter tiefroter Fruchtsirup aus Granatäpfeln
Havana Bar Sirup: Sirup mit Rum-Geschmack
Sodawasser: kohlensäurehaltiges Tafelwasser mit mindestens 570 mg Natron pro Liter. Ersatzweise nehmen Sie salzarmes, kohlensäurehaltiges Mineralwasser oder selbst aufgesprudeltes Leitungswasser.
Tonic Water: chininhaltige, leicht bittere Limonade

Fruchtsäfte: Achten Sie darauf, dass Sie nur Fruchtsäfte aus 100 % Fruchtsaft, aus Fruchtsaftkonzentrat oder frisch gepresste Fruchtsäfte verwenden. Fruchtsaftgetränke sind ungeeignet, da sie verdünnt sind und zugefügten Zucker enthalten.

Limettensaft, Lime Juice und Limettensirup:
Diese Zutaten werden oft verwechselt, unterscheiden sich jedoch in Geschmack, Konsistenz und in der Anwendung:
– ***Limettensaft*** ist der reine Saft aus Limetten.
– ***Lime Juice Cordial*** – oder kurz auch nur ***Lime Juice*** – wird sehr oft für Drinks verwendet. Es ist ein durchsichtiges, leicht grünliches und mit Wasser versetztes Limonadenkonzentrat aus Limettensaft und Zucker. Sie finden Lime Juice in der Getränkeabteilung von Lebensmittelgeschäften.

– ***Limettensirup*** ist ein Fruchtsirup, der aus reinem Fruchtsaft und Zucker besteht. Der Sirup hat eine dickflüssige Konsistenz und ist stärker konzentriert als Lime Juice. Fruchtsirupe gibt es in vielen verschiedenen Geschmacksrichtungen.

Cream of Coconut: Diese Mixzutat erhalten Sie in Konservendosen in Lebensmittelabteilungen von Warenhäusern.

Brauner Zucker: Die Farbe entsteht bei der Herstellung aus speziellen, stark karamellhaltigen Kandissirupen oder durch den Zusatz von Karamellsirup. Rohrzucker erhält seine braune Farbe vor der Herstellung aus Nichtzuckerstoffen (z. B. Melasse).

Allgemeines

Mit Zitronen-/Orangenschale abspritzen: ein Stück Schale von einer Zitrone oder Orange so abschälen, dass wenig Weißes daran ist. Das Zitrusschalenstück so zusammendrücken, dass die Außenseite der Schale zum Glasinhalt zeigt, und das ätherische Öl in den Drink spritzen.

Grüner/gelber/rosa/roter Zucker: gibt es fertig zu kaufen. Sie können ihn auch selbst herstellen, indem Sie Haushaltszucker in einen Gefrierbeutel geben, Lebensmittelfarbe hinzufügen, den Beutel verschließen und dann schütteln.

Crusta: Gruppe von Getränken, die mit einem Zuckerrand versehen sind.
Für den Zuckerrand den Glasrand durch ein Zitronenviertel ziehen oder das Glas in eine Untertasse mit Zitronensaft tauchen und anschließend den angefeuchteten Glasrand in einer Untertasse mit Zucker drehen.

Drinks/Cocktailgruppen

Aperitif: auch trockener Cocktail genannt, sollte vor dem Essen als Appetitanreger gereicht werden
Bowle: wird auf Basis von Weinen, Früchten, Spirituosen und Sekt zubereitet
Cobbler: wird auf Basis von Likören, Sirupen, Südweinen oder auch anderen Spirituosen sowie einem Filler wie z. B. Saft aufgebaut und kann auch alkoholfrei zubereitet werden
Cooler: ist ein Longdrink
Egg-Nogg: wird aus Likören oder einer Basis Spirituose, Milch, Sirupen und Eiern warm oder kalt zubereitet; hier sind auch alkoholfreie Varianten möglich
Flip: wird aus Spirituosen, Weinen oder Likören, Zucker und Eigelb hergestellt
Highball: ist ein Longdrink
Julep: gehört zu den Longdrings und wird als Basis immer mit Minze zubereitet
Punsch: kann warm und kalt zubereitet werden
Smash: ist dem Julep sehr ähnlich. Hauptunterschied ist, dass der Smash geshakt, der Julep aber im Glas zubereitet wird
Smoothie: ein cremig bis dickflüssiger Mix aus frischen Früchten, Saft und Eis(würfeln), in dem teilweise auch Joghurt mitverarbeitet werden kann
Soda: gehört zu den Longdrinks; eine Basis Spirituose, die mit Wasser aufgefüllt wird
Sour: wird aus einer Basis Spirituose, Zitronensaft, Zuckersirup und nach Bedarf noch mit Orangensaft zubereitet

Bowlen

Drinks ohne Alkohol

Drinks mit Alkohol

Früchte in Alkohol

Heiße Getränke

Liköre und Aufgesetzte

Punsche

Für Fragen, Vorschläge oder Anregungen stehen Ihnen der Verbraucherservice der Dr. Oetker Versuchsküche Telefon: 00800 71 72 73 74 Mo.–Fr. 8:00–18:00 Uhr, Sa. 9:00–15:00 Uhr (gebührenfrei in Deutschland) oder die Mitarbeiter des Dr. Oetker Verlages Telefon: +49 (0) 521 520650 Mo.-Fr. 9:00–15:00 Uhr zur Verfügung.

Oder schreiben Sie uns:
Dr. Oetker Verlag KG, Am Bach 11, 33602 Bielefeld oder besuchen Sie uns im Internet unter www.oetker-verlag.de oder www.oetker.de.

Umwelthinweis Dieses Buch und der Einband wurden auf chlorfrei gebleichtem Papier gedruckt. Die Einschrumpffolie – zum Schutz vor Verschmutzung – ist aus umweltfreundlichem und recyclingfähigem PE-Material.

Redaktion Carola Reich, Annette Riesenberg

Innenfotos
Walter Cimbal, Hamburg (S. 61, 105, 142, 173)
Fotostudio Diercks, Thomas Diercks, Christiane Krüger, Hamburg (S. 5, 11, 13, 17, 19, 21, 23, 25, 26, 28, 29, 33, 36, 42, 45, 47, 51, 54, 57, 60, 61, 63, 65, 67, 69, 78, 82, 84, 88, 90, 92, 95, 102, 108, 109, 110, 112, 114, 115, 116, 124, 126, 128, 134, 137, 139, 140, 144, 146, 147, 153, 156, 158, 162, 163, 164, 168, 169, 177, 179, 180, 183, 184, 187, 190, 191, 193, 194, 199, 203, 210, 211, 213, 214, 216, 221, 223, 224, 231, 240, 241, 244, 248, 259, 273, 275, 278)
Ulli Hartmann, Halle/Westf. (S. 14, 24, 55, 58, 59, 62, 77, 111, 125, 131, 136, 165, 171, 192, 207, 219, 222, 225, 234, 237, 247, 251)
Bela Hoche, Hamburg (S. 35, 48, 69, 71, 93, 98, 100, 113, 120, 123, 161, 170, 197, 206, 209, 233, 237, 238, 250, 256, 267)
Bernd Lippert (S. 86, 103, 218)
Herbert Maass, Hamburg (S. 7, 8, 9, 16, 18, 21, 26, 27, 29, 30, 31, 35, 41, 44, 52, 74, 75, 86, 91, 96, 141, 174, 176, 178, 196, 204, 206, 232, 235, 252, 257, 265, 276)
Janne Peters, Hamburg (S. 261)
Antje Plewinski, Berlin (S. 26, 30, 33, 37, 38, 39, 41, 46, 64, 68, 72, 79, 89, 117, 121, 138, 154, 182, 184, 185, 196, 220, 236, 243, 262, 263, 264, 268, 270, 277)
Christiane Pries, Borgholzhausen (S. 12, 181, 190, 271, 272)
Hans-Joachim Schmidt, Hamburg (S. 40, 45, 85, 104, 135, 170, 198, 245, 249)
Axel Struwe, Bielefeld (S. 13, 15, 18, 20, 21, 22, 27, 34, 37, 43, 49, 50, 57, 61, 65, 67, 70, 73, 76, 94, 97, 106, 110, 118, 122, 129, 132, 133, 143, 145, 146, 149, 151, 155, 167, 169, 172, 175, 184, 189, 191, 195, 202, 208, 210, 217, 223, 227, 230, 232, 246, 253, 254, 255, 258, 266)
Norbert Toelle, Bielefeld (S. 10, 32, 33, 53, 55, 87, 99, 107, 127, 159, 160, 166, 186, 200, 201, 215, 226, 228, 229, 245, 269, 279)
Brigitte Wegner, Bielefeld (S. 12, 66, 81, 119, 150, 188, 260)
Bernd Wohlgemuth, Hamburg (S. 14, 16, 17, 52, 83, 111, 130, 148, 152, 157, 166, 178, 204, 205, 239, 254, 274)

Fachliche Beratung Fun Bar Catering, Frank Breithecker, Wiesbaden

Lektorat no:vum, Susanne Noll, Leinfelden-Echterdingen

Wir danken für die freundliche Unterstützung
Bacardi Deutschland, Hamburg
Beam Global Deutschland, Wiesbaden
BORCO-Marken-Import, Hamburg
Campari Deutschland, Oberhaching
DIAGEO, Wiesbaden
Diversa Spezialitäten, Rheinberg
Henkel & Co., Wiesbaden
Mast-Jägermeister, Wolfenbüttel
Pernod Ricard Deutschland, Köln

Grafisches Konzept und Gestaltung MDH Haselhorst, Bielefeld
Titelgestaltung kontur:design GmbH, Bielefeld
Satz und Layout MDH Haselhorst, Bielefeld
Druck und Bindung Mohn media Mohndruck GmbH, Gütersloh

ISBN: 978–3–7670–0529–7